D0439805

CRISTAUX DE SAGESSE
*est le trois cent soixante-troisième livre
publié par Les éditions JCL inc.*

Catalogage avant publication de Bibliothèque et Archives Canada

Giasson, Aline, 1950-

    Cristaux de sagesse : mille et un conseils destinés aux filles

    (Collection Psy populaire)

    ISBN 2-89431-363-2

1. Adolescentes - Morale pratique. 2. Mères et filles.
I. Titre. II. Collection.

BJ1682.G52 2006   170.835'2   C2006-941534-X

© **Les éditions JCL inc.**, 2006
Édition originale : septembre 2006

Cristaux de sagesse

Mille et un conseils
destinés aux filles

COLLECTION
PSY
populaire

Les éditions JCL inc.
930, rue J.-Cartier Est, CHICOUTIMI (Québec, Canada) G7H 7K9
Tél. : (418) 696-0536 – Téléc. : (418) 696-3132 – www.jcl.qc.ca
ISBN 10 : 2-89431-363-2
ISBN 13 : 978-2-89431-363-3

ALINE GIASSON

Cristaux
de sagesse

Mille et un conseils
destinés aux filles

LES ÉDITIONS JCL

Nous reconnaissons l'aide financière du gouvernement du Canada par l'entremise du Programme d'aide au développement de l'industrie de l'édition (PADIÉ) pour nos activités d'édition. Nous bénéficions également du soutien de la SODEC et, enfin, nous tenons à remercier le Conseil des Arts du Canada pour l'aide accordée à notre programme de publication.

Gouvernement du Québec – Programme de crédit d'impôt pour l'édition de livres – Gestion SODEC

*À nos formidables filles
qui poursuivent constamment
leur recherche d'identité
en ce siècle bien tumultueux.*

*Aux mères et à tous ces dévoués
parents qui les accompagnent
sur cette route parsemée
d'obstacles et de défis, et ce,
malgré trop peu de gratitude.*

*Enfin, et tout particulièrement,
à toi, chère Amélie-Anne,
avec tout mon amour.*

AVANT-PROPOS

HISTORIETTE

Il était une fois une charmante fillette âgée d'à peine quatre ans qui adorait la neige. Naturellement, l'enfant avait toujours très hâte à l'hiver. Un jour, par un froid matin d'automne, sitôt réveillée, elle regarda par la fenêtre de sa chambre et constata avec étonnement que la pelouse était recouverte d'une magnifique neige blanche.

Elle jubilait et, sans plus tarder, elle se mit à la recherche de ses petites bottes d'hiver remisées depuis fort longtemps. Pendant qu'elle s'activait, une voix à la radio commentait cette première neige et quelques prévisions atmosphériques pour la journée.

Dans son état d'excitation, elle courut réveiller sa mère pour lui réclamer son habit d'hiver, anticipant déjà le plaisir de jouer dans la neige en compagnie de ses amis à la garderie.

«*Maman, maman! Regarde dehors, c'est tout blanc! J'ai trouvé mes bottes, mais je ne sais pas où est mon habit d'hiver! Viens, maman, viens voir! C'est vrai, tu sais, même qu'on l'a dit à la radio!*»

Devant tant d'enthousiasme, la mère voulut s'assurer que l'enfant porterait les vêtements appropriés pour toute la journée, au cas où un brusque changement de température surviendrait. Elle demanda :

«*A-t-on annoncé des averses de neige durant toute la journée?*»

Et la fillette de répondre :

«*J'ai entendu "neige en matinée", mais pour l'après-midi, on n'a rien dit.
— ... Ça doit vouloir dire qu'on annonce du gazon...*»

Je suis la mère de cette jeune fille qui a maintenant atteint sa majorité. Évidemment, depuis ce jour-là ma fille a bien changé et, pourtant, une particularité est demeurée intacte : en effet, les averses de neige la fascinent toujours autant à chaque hiver.

Au cours des années où je regardais grandir mes chers enfants, il m'est souvent arrivé de penser que, si les adultes conservaient une infime portion de cette exquise candeur propre aux tout-petits, la vie leur paraîtrait sûrement plus belle.

Il me semble, au fil du temps, n'avoir cessé d'observer les jeunes enfants en ayant l'impression qu'ils venaient au monde en apportant avec eux, et dans la plus exquise simplicité, quelques cristaux de sagesse...

Laisser derrière soi la petite enfance et ensuite les pénibles tiraillements de l'adolescence dans la quête de sa liberté n'est certes pas l'épisode le plus facile de notre itinéraire de vie. En effet, que d'interrogations sommes-nous conviés à tenter d'élucider et que d'inconnus devons-nous affronter pour se fabriquer une identité.

Cristaux de sagesse se veut un guide de bons conseils visant à susciter une réflexion au profit des adolescentes et jeunes femmes en quête de savoir. Je l'offre spécialement aux personnes animées de bonne volonté qui font toujours confiance aux adultes désireux de les seconder dans leur cheminement.

Par la rédaction de cet ouvrage, mon vœu le plus cher consiste à rejoindre les femmes qui s'investissent dans une recherche personnelle d'équilibre et d'autonomie pour un mieux-être. Plus particulièrement, j'espère qu'il trouvera son utilité entre les mains de celles qui sont privées de la précieuse disponibilité de parents aptes à les accompagner dans leur saine émancipation.

CONSEILS ET TRUCS PRATIQUES

1. Avant tout, sache que tu es merveilleuse!

2. Lorsqu'une personne entre dans ta vie en apportant la joie et la générosité, introduis-la dans ton cercle d'amis.

3. Lis deux fois les lettres que tu rédiges. Et fais de même avec celles que tu reçois.

4. Tu es digne d'être aimée. Crois en toi.

5. Pour te réaliser, affirme tes convictions. En agissant comme tout le monde, tu ne dérangeras personne, mais tu risques de ne pas être vraiment authentique.

6. Sois ponctuelle.

7. En situation nouvelle et imprévue, plus que la raison, laisse ton instinct te dicter comment agir.

8. Pour dissiper une tension au sein d'une relation, avant tout, mets de côté l'hostilité. Ensuite, chéris ce qui est précieux de cette relation.

9. Savoir ce que tu désires faire de ta vie est bien, mais n'essaie pas de tout prévoir : laisse une place au hasard.

10. En déposant tes bougies au réfrigérateur deux heures avant de les utiliser, tu éviteras les larmes de cire.

11. Prends soin de ton apparence.

12. Avant de confier la réparation d'un article défectueux, exige une estimation gratuite; c'est un droit, et non un privilège.

13. Quoi que tu fasses de ta vie, fais en sorte qu'elle soit un reflet de l'amour. On n'aime jamais trop.

14. Les petites joies de la vie, c'est ça le bonheur!

15. L'amour fleurit de lui-même lorsqu'il est partagé. Quant à l'amitié, il te faudra la cultiver pour la recevoir en retour.

16. Adopte un comportement civilisé et sache qu'il se mesure plus souvent à ce qu'une personne se retient de faire qu'à ce qu'elle fait.

17. Le plus grand savoir consiste à parler simplement; les plus grandes vérités se disent en des mots simples.

18. C'est lors de situations extrémistes que tu pourras sonder quelque vérité parfois longtemps occultée. Saisis ces occasions pour fonder tes propres opinions.

19. Si le plaisir n'est pas au rendez-vous dans tes études ou ton travail, la notion de réussite par le contentement risque de faire défaut. Fais des choix.

20. Relève de nouveaux défis et va toujours de l'avant!

21. Lis *Le Petit Prince* de Saint-Exupéry. Puis, relis-le plus tard. Tu y découvriras un nouveau sens...

22. C'est l'amour qui alimentera épisodique-ment ton cœur. Quant à tes amitiés, elles le nourriront comme un fruit.

23. On dit que le rire est une sorte de tranquillisant sans effets secondaires : utilise-le souvent.

24. Il est non seulement sain mais très important pour leur équilibre de laisser aux petits enfants leur pensée magique.

25. Quand il y a de l'amour, l'inquiétude est souvent présente et c'est normal, comme une sorte de complément naturel.

26. Il se peut que tu trouves tout près de toi ce que tu auras longtemps cherché au loin...

27. C'est en quittant l'adolescence que tu acquerras peu à peu un jugement nuancé où plus rien ne te semblera totalement noir ou blanc.

28. Au soleil, porte des lunettes teintées. Tu éloigneras ainsi la formation de rides verticales entre tes sourcils.

29. La force de la prière réussit à ceux qui l'utilisent avec conviction. Il n'appartient qu'à toi d'être de ceux-là.

30. Sois bonne, mais pas débonnaire.

31. Lorsque tu donnes une poignée de main, fais en sorte qu'elle soit brève et énergique.

32. Conserve tes agendas annuels. Tu t'en féliciteras plus tard pour la recherche d'une information ou date importante.

33. Sois capable de rire de toi-même. Cela nous rend beaucoup plus sympathique aux yeux des autres.

34. Si tu crains d'engager une correspondance exigeante, utilise occasionnellement une simple carte postale.

35. Ne cherche pas en vain l'approbation de tous ceux qui t'entourent. Ce que tu es, ce que tu veux être et ce que tu désires faire de ta vie n'appartiennent qu'à toi.

36. Sois très prudente avec l'alcool et les drogues. On peut apprendre à boire, mais on n'apprend pas à se droguer.

37. Fais briller et resplendir ton unicité. Ce qui fait la beauté de la vie est justement que chaque personne est unique.

38. Ne redoute pas l'échec.

39. Si l'on t'envoie une carte de crédit sans que tu en aies effectué la demande, deux conseils bien avisés : méfiance et ciseaux!

40. En arrivant en Europe, essaie de vivre immédiatement à l'heure du continent et ton organisme s'habituera au décalage horaire. En revanche, dès ton retour, privilégie le sommeil.

41. Quand tu te sens vulnérable et que tu as besoin d'aide, tourne-toi vers un ami. Tu enrichiras votre relation.

42. La vie ne s'évalue pas par sa durée mais bien par sa densité. Une vie n'est ni longue ni brève : elle est vide ou remplie.

43. Lorsqu'une personne bien intentionnée te prodigue un conseil, rien ne t'oblige à le mettre en application; mais la politesse réclame que tu remercies la personne.

44. Les murs d'une cuisine exigent une peinture semi-lustrée. Afin de masquer certaines imperfections, utilise le mat.

45. Tu as près de toi un véritable ami si, dans son regard, tu te vois comme une personne merveilleuse.

46. Tes pinceaux durcis à cause des poils collés par la peinture séchée retrouveront leur souplesse en les trempant dans du vinaigre bouillant.

47. La prémonition existe; d'ailleurs, nous en sommes tous dotés.

48. Être parent est sans doute le rôle le plus complexe d'une vie. C'est aussi la plus fabuleuse expérience de croissance qu'il nous soit donné de vivre.

49. Laisse constamment grandir en toi une vision tolérante et aimante des gens et des choses.

50. N'essaie pas de soulager un cœur qui souffre en le raisonnant, mais en aimant.

51. Va marcher dans la nature.

52. Avant de prendre sur tes épaules le sort du genre humain, occupe-toi des membres de ta famille.

53. Au fur et à mesure que tu te libères d'un sentiment de culpabilité, tu allèges ton pas.

54. Fie-toi à ton intuition.

55. Ne laisse personne te détourner de tes buts et de tes rêves, surtout s'ils sont stimulants, imaginatifs et créatifs.

56. Méfie-toi des grandes certitudes qui mènent souvent au dogmatisme. Une part de doute peut tenir ouverte la porte de la connaissance.

57. La créativité n'a rien à voir avec les aptitudes et l'intelligence. Sans égard à ton niveau d'aptitudes, exerce ta créativité pour le simple plaisir de la chose.

58. Fais de toi-même une alliée, une véritable amie.

59. Quoi de plus beau qu'un tricot fait main. Pour confectionner un foulard, opte pour la maille de riz; il sera identique des deux côtés.

60. Profite le plus possible du moment présent.

61. L'astrologie ne résout rien. Elle peut fournir des indices parfois intéressants et amusants, sans plus.

62. Ne crains pas de tisser des liens.

63. Vise des buts qui te passionnent et tu amélioreras ta vie.

64. Apprends à écouter. L'écoute est à la fois une excellente façon de comprendre les autres et de se comprendre soi-même.

65. Quand l'autre est là, la personne par qui le bonheur existe, aime de tout ton cœur. Et accueille cet amour sans restriction.

66. Qu'il s'agisse des tiens ou de ceux des autres, fais bien la différence entre un simple caprice et un véritable besoin.

67. Si tu veux parler franchement de tes défauts, fais-le avec une personne qui reconnaît tes qualités.

68. Regarde attentivement les dessins d'un enfant : ils parlent de lui.

69. Pour tendre vers une morale positive, fais prévaloir tes instincts sympathiques sur tes impulsions égoïstes.

70. Dans ton couple, lorsque tu te donnes à l'autre, essaie de joindre le langage du cœur au langage du corps.

71. En Belgique et en Suisse, ajoute à ton vocabulaire les mots septante, huitante et nonante.

72. Accepte-toi telle que tu es.

73. Si tu hésites entre deux chemins, va où ton cœur te dit d'aller.

74. Nous pouvons tous avouer nos erreurs. Même une société tout entière peut reconnaître et assumer ses fautes.

75. Tu ne deviendras pas mère le jour où tu enfanteras mais un peu plus chaque jour, par un formidable don de toi-même envers ton enfant.

76. N'accorde aucune importance aux chaînes de lettres qui se terminent par une menace. Mets-les au panier!

77. Quand tu trouveras le soutien-gorge qui te sied parfaitement, achètes-en deux autres identiques sans tarder.

78. Que ce soit verbalement ou par écrit, informe-toi d'abord des autres avant de parler de toi.

79. Lorsque tu organises une réception importante, ce n'est pas le moment d'essayer une nouvelle recette culinaire.

80. Il est facile de reconnaître ses vrais amis des autres. Si la vie te contraint de t'en distancer et que se manifeste l'oubli, c'est qu'ils n'étaient pas de véritables amis.

81. Sollicite de l'aide, mais ne commande surtout pas.

82. Si tu n'as qu'un seul ami utile, reconnais que tu as déjà bien de la chance.

83. Les prêteurs d'argent et plans de crédit ne font de cadeau à personne. Acquitte-toi de tes dettes autrement.

84. Explore ta créativité.

85. Garde intacte ta capacité d'émerveillement toute ta vie durant.

86. Dieu accepte toutes nos faiblesses. Fais de même avec les autres, et tes véritables amis agiront probablement de la même manière à ton égard.

87. Apprends de tes erreurs.

88. Le véritable savoir-faire, bien qu'exigeant une compétence et des aptitudes, ne s'acquiert que grâce à l'expérience.

89. N'attends pas au dernier moment pour faire tes emplettes d'anniversaires : garde l'œil ouvert tout au long de l'année lors de tes déplacements.

90. En couple, quand ton compagnon de vie et toi aurez libéré vos âmes des soucis quotidiens, vous goûterez plus sereinement la saveur de vos sentiments mutuels.

91. Un rendez-vous fixé longtemps à l'avance réclame que tu vérifies si on t'attend toujours avant de t'y rendre.

92. Sois compatissante. En te penchant sur les autres, c'est toi-même que tu transformeras.

93. Lorsque tu téléphones pour demander conseil, informe d'abord la personne du motif de ton appel et de la durée de l'entretien que tu souhaites obtenir.

94. Créer des liens embellira ta vie. Sans contacts sociaux, on perd l'estime de soi ainsi que sa confiance.

95. Pour réduire les corvées, essaie d'éliminer une tâche embêtante par jour.

96. Ne referme pas tes contenants vides hermétiquement; les couvercles emprisonnent l'odeur. Il en va de même avec les thermos.

97. Fuis le désir de vengeance qui risque d'empoisonner ton esprit et corrompre la croissance harmonieuse de ton être.

98. Garde une provision de chandelles et d'allumettes facilement repérables dans la noirceur.

99. Une bonne façon de ne pas oublier d'utiliser une crème de nuit consiste à placer le pot sur ta table de chevet.

100. Voici une boisson originale à servir lors d'une fête d'enfant: dans une coupe transparente, verse un soupçon de grenadine dans une boisson gazeuse incolore, décorée d'une cerise.

101. Il faut bercer les petits enfants et leur chanter des comptines sans craindre de leur donner trop d'amour.

102. Pour prolonger la fraîcheur du fromage réfrigéré, il est recommandé de le recouvrir d'un papier d'aluminium.

103. En situation de conflit, tu peux jeter tout le blâme sur les autres, mais tu risques de tourner le dos à tes propres problèmes qu'il te faudra résoudre tôt ou tard.

104. Continue toujours d'apprendre.

105. Lorsque tes peurs se transforment en prudence, tu demeures maître de ta vie.

106. Adapte ton curriculum vitæ en fonction de l'emploi pour lequel tu désires soumettre ta candidature.

107. Une souffrance ou une peur irrésolue peuvent conduire à une attitude rigide. Agis le plus possible avec souplesse, et, lorsque c'est indiqué, accepte d'avoir tort.

108. S'il t'arrive d'avoir négligé de répondre à une lettre amicale, prends quelques instants pour la relire avant d'écrire.

109. En t'acquittant de certaines tâches ménagères ennuyeuses, écoute ta musique préférée et chante!

110. Tu as beaucoup trop à faire avec toi-même pour perdre ton temps à critiquer les autres.

111. Vérifie tes coupons de caisse d'épicerie ou d'ailleurs. Les commerçants commettent parfois des erreurs mais rarement à l'avantage du client.

112. Lorsque tu doutes de la signification ou de l'orthographe d'un mot, ne reste pas dans l'ignorance : consulte un dictionnaire sans tarder.

113. Sais-tu que l'amitié peut s'avérer une base solide à une relation amoureuse durable?

114. Par prudence, conserve en permanence une couverture et une paire de chaussures dans la valise arrière de ta voiture.

115. Dès l'instant où tu retires tes vêtements de la sécheuse, suspends-les. Tu réduiras considérablement la tâche du repassage.

116. Ne deviens pas une victime de la mode : regarde d'un œil critique les tendances et, surtout, fie-toi à ton bon goût.

117. En frottant avec de l'alcool à 90 % une tache d'herbe sur un vêtement, celle-ci disparaîtra.

118. C'est au moment où les roses sont encore en bouton qu'il faut les suspendre tête en bas pour en faire de jolies fleurs séchées.

119. N'attends pas d'avoir le cafard pour te faire cadeau de l'achat d'une musique qui te plaît.

120. Vérifie la fraîcheur des œufs en les plongeant dans un bol rempli d'eau froide salée. S'ils flottent, c'est qu'ils sont périmés.

121. Il est important de te pardonner tes erreurs, et les avouer est tout à ton honneur. Dis-toi bien que tout le monde a droit à l'erreur.

122. Si tu te hâtes à recouvrir entièrement de vin blanc ou de sel le vin rouge sur une nappe de coton, la tache disparaîtra ensuite dans l'eau chaude savonneuse.

123. En situation de discorde, essaie de garder ton calme. Le calme désarme, dit-on.

124. Il y a autant d'opinions que de personnes sur la terre. Conserve tes convictions tout en maintenant un esprit d'ouverture.

125. Avoir le sentiment de tes propres valeurs contribuera toujours à t'aider à bien te sentir dans ta peau.

126. Recherche le respect et la sincérité.

127. Lorsque tu seras conviée à un repas, apporte quelque chose que tu pourras offrir à tes hôtes.

128. L'arrogance, la suffisance et la certitude de tout savoir, voilà autant de façons de rater une entrevue pour obtenir un emploi.

129. Méfie-toi de la flatterie.

130. Les motifs d'une séparation de couple se révèlent très souvent être ce qui a suscité l'attirance du départ.

131. Puisqu'on ne peut prévoir une panne de courant, un réveille-matin à pile s'avérera d'une plus grande fiabilité.

132. Noue de nouvelles amitiés.

133. Procréer est merveilleux, mais rien ni personne ne peut t'obliger à un tel engagement.

134. Les sentiments négatifs comme l'anxiété, la peur et la culpabilité restreignent la circulation d'une précieuse énergie. Crois en toi et en une puissance supérieure.

135. Mange à un rythme ni trop lent ni trop accéléré. Non seulement ta digestion s'en portera mieux, mais tu feras preuve de politesse.

136. Changer les autres est non seulement impossible mais utopique. En revanche, opérer des changements avec soi-même est réaliste.

137. Personne n'est parfaitement heureux toute sa vie durant. Chacun vit son propre drame un jour ou l'autre.

138. Lorsqu'un ami viendra te parler de ses peines, tends-lui un mouchoir, offre-lui ton épaule et, surtout, accorde-lui ton écoute.

139. Recherche le silence et intériorise-toi. Écouter sa petite voix intérieure ne s'apprend pas dans le bruit.

140. Une intuition, que ce soit la tienne ou celle d'une autre personne, ne se discute pas; sinon, on lui fait obstacle.

141. Le rejet ne porte pas de masque. S'il t'arrive de vivre la désagréable sensation du rejet, ce sera impossible de te mentir à toi-même. Fais alors demi-tour.

142. Quelques feuilles d'assouplissant parfumées contre la statique des sécheuses laisseront un arôme agréable dans tes tiroirs et ta lingerie.

143. Amuse-toi à comprendre le sens des proverbes.

144. Essaie de maintenir ton passeport valide en tout temps et ce, même si tu n'as aucun projet de voyage à l'horizon.

145. Lors d'une réunion familiale ou amicale, évite les conversations portant sur la politique, la religion et la sexualité. Ces sujets sont indiscutablement personnels.

146. Pour garder l'amour et le respect de quelqu'un, accepte et comprends très tôt qu'il ne faut pas enfreindre sa liberté.

147. La durée maximale pour la conservation du poisson congelé est de six mois.

148. Voici un truc pour choisir un melon frais et juteux : soupèse deux melons d'égale grosseur et choisis le plus lourd.

149. Il y a des gens et des lieux où il vaut mieux ne pas y chercher l'amour. Aussi, évite-les.

150. De belles découvertes peuvent jaillir lorsque deux personnes partagent ce qu'elles ressentent au plus profond d'elles-mêmes.

151. Tu possèdes une qualité qui surpasse toutes les autres : il s'agit de ta beauté intérieure.

152. La dénonciation de l'injustice sociale demeure stérile si celle-ci n'est pas suivie d'un engagement personnel à tendre vers un monde meilleur.

153. Lors d'une journée de congé pluvieuse, va flâner devant les présentoirs de cartes de souhaits et achète à l'avance celles que tu considères appropriées à offrir plus tard.

154. Prends plaisir à visualiser mentalement ce qu'il y a de meilleur en toute chose.

155. Souviens-toi que, par les yeux de l'amour, toute énergie devient belle.

156. Prends note des leçons que la vie t'offre au moyen de tes expériences. Tes observations et réflexions feront de toi une personne philosophe.

157. Si d'aventure tu te retrouvais un jour sans le sou, n'aie surtout pas honte et adresse-toi à un organisme de charité pour tes besoins alimentaires et autres.

158. L'indocilité et l'entêtement des adolescents peuvent se traduire comme étant une période où ils réclament leur indépendance, afin de construire leur propre identité.

159. Bénis la vie.

160. Même avec un petit budget, tu peux décorer ton chez-toi de façon agréable.

161. Pour affermir ton attitude positive à l'égard de la vie, souviens-toi que des milliers d'individus t'ont précédée et ont triomphé sur cette route.

162. Tout en demeurant idéaliste, accepte le changement.

163. Ce n'est pas tant l'eau ou le savon qui sont responsables du rétrécissement de tes précieux lainages, mais plutôt les mouvements dans l'eau. Manipule-les avec une extrême délicatesse et fais-les sécher à plat.

164. Au fur et à mesure que tu acquerras de la maturité, tu t'apercevras qu'un échec s'éponge plus facilement.

165. Garde en permanence près de ta cuisinière, en cas de feu, une boîte de bicarbonate de soude.

166. Méfie-toi de l'inaction; tes seules limites sont celles que tu t'imposes. Les gens qui réussissent sont ceux qui créent les circonstances au lieu d'attendre qu'elles surgissent.

167. Tant et aussi longtemps que tu t'abstiendras de lui donner une conception précise, l'amour t'étonnera...

168. Lorsque tu te sentiras contrariée, dis-toi qu'un petit dérangement peut précéder un grand arrangement.

169. Si l'on te complimente sur ta coiffure, ta tenue vestimentaire ou autre, remercie simplement par un sourire.

170. Quand le sérieux prend l'allure d'un malaise, fais de l'humour!

171. Dans ton vocabulaire, tu n'utiliseras jamais trop ces deux mots : « merci » et « s'il vous plaît ».

172. Utilise un ruban à masquer sur le contour des fenêtres avant d'appliquer de la peinture. Et surtout, retire-le sans trop tarder.

173. Dès janvier, encercle les dates importantes dans ton agenda ou un calendrier.

174. Tu n'es pas tenue de répondre à un étranger qui recueille des renseignements personnels sous prétexte d'un important sondage.

175. L'argenterie enveloppée dans du papier d'aluminium ne noircira plus; ceci évite son nettoyage fastidieux.

176. Sur ton chemin d'évolution spirituelle, il n'y a aucune place pour les raccourcis.

177. Le sentiment d'incomplétude qui nous laisse en manque est propre à la nature humaine, rassure-toi.

178. Personne n'apprécie une voix faible, une mauvaise diction et l'incapacité de s'exprimer clairement.

179. Va vers les personnes âgées, interroge-les, écoute-les et respecte la sagesse acquise par leur expérience de vie.

180. Affirme-toi. Dans la mesure où elle ne dépasse pas les bornes, l'affirmation de soi est très saine.

181. Réalise tes rêves et concrétise tes projets. Malgré le pessimisme que tu rencontreras sur ta route, maintiens un esprit optimiste.

182. En voyage, écris dans un carnet le nom des lieux et choses que tu photographies, ainsi que la date. Tu apprécieras ces notes en prenant livraison de tes photos.

183. Une relation entre deux personnes ne devrait jamais exiger que l'une sacrifie sa véritable personnalité au risque d'être engloutie par l'autre.

184. Souviens-toi que rien au monde ne consume davantage une personne que le ressentiment.

185. Pour favoriser la guérison d'une coupure mineure de la peau, on recommande d'appliquer un peu de miel sur celle-ci.

186. Lorsqu'un événement atteint trop fortement ton émotivité, essaie de le voir à travers une lentille inversée. Tu as le pouvoir d'amoindrir ou de grossir les choses au profit de ton harmonie intérieure.

187. Rester dans un conflit exténue, et le fuir le reporte à plus tard. Regarde-le plutôt de face et tu resteras debout devant l'adversité.

188. Les anniversaires doivent être soulignés, surtout ceux des petits enfants.

189. Laisse le passé derrière et tourne-toi vers la joie de rêver à ton avenir.

190. Éloigne-toi des gens taciturnes.

191. Fais le tri dans toutes les informations qui te parviennent et sélectionne celles qui contribuent le plus à ton bien-être.

192. La nuit est faite pour reposer l'esprit. Si tu es tourmentée, cesse de te tracasser et dis-toi que Dieu veille. Il n'est pas nécessaire que vous restiez tous les deux éveillés.

193. Procure-toi du joli papier à lettres; tu agrémenteras ainsi la tâche de donner suite à ta correspondance.

194. En te fixant des objectifs significatifs, tu transformeras tes aspirations en passions. C'est ainsi que tu découvriras une voie stimulante qui t'invitera à avancer.

195. Pour en prolonger la conservation, dépose tous tes fruits au réfrigérateur, exception faite des bananes.

196. Une portion de spaghetti équivaut à une poignée de pâtes sèches ayant approximativement la grosseur de ton pouce.

197. Vise la perfection si tu le veux, mais à la condition toutefois d'accepter de ne pas l'atteindre.

198. Méfie-toi des sectes comme de la peste.

199. Dans un monde où presque tout devient objet de litige, renseigne-toi aussi souvent que nécessaire sur tes droits légaux.

200. Les actions et les paroles des autres ne méritent pas obligatoirement une réaction de ta part.

201. En acceptant d'être imparfaite, tu donneras lieu à la spontanéité et à l'humour.

202. Ce n'est pas avec un esprit dénué de sentiments et animé du principe du devoir qu'on éduque la jeunesse. C'est plutôt avec de l'amour et du dévouement.

203. Même si tes plaintes sont justifiées, il n'appartient qu'à toi de prendre ta vie en main.

204. Certaines traditions et coutumes ont leur importance; ne les rejette pas sans en avoir compris le sens. Tu peux initier de nouvelles traditions, toi aussi.

205. Avant de condamner quelqu'un, essaie de le comprendre. Peut-être constateras-tu que tes émotions ressemblent aux siennes.

206. Un verger de pommiers en fleurs est une véritable splendeur. Au mois de mai, régale-toi de ce spectacle éphémère. Et n'oublie pas d'emporter ton appareil photo!

207. Ne donne pas ton cœur trop vite. On n'a qu'un seul cœur et on souffre terriblement lorsqu'il est brisé.

208. Si tu veux connaître la saveur de la victoire, persévère en tout.

209. La sollicitude doit être mutuelle pour qu'une relation dure.

210. Demander un petit service à quelqu'un peut s'avérer une façon de faire plaisir. Généralement, les gens aiment éprouver le sentiment d'être utiles.

211. Réussir une vie à deux est un défi. En y ajoutant les différences de nationalité, de langue, de religion et de mœurs, le défi s'en trouvera encore plus considérable.

212. Il arrive que nos paroles dépassent la pensée au point de blesser une personne. Si tu t'enhardis verbalement, présente tes excuses dans les plus brefs délais.

213. Si tu n'as rien à lire, tourne les pages de ton dictionnaire.

214. Après l'effort, mets en pratique ces concepts : s'amuser, se détendre et prendre du bon temps.

215. La solitude peut te permettre de faire plus ample connaissance avec toi-même. Par contre, évite l'isolement.

216. Respecte les liens de famille et garde-les harmonieux sans ménager tes bonnes paroles.

217. Pour éviter une réaction malheureuse, évite de poser une action lorsque tu es en colère.

218. Garde en réserve une brosse à dents intacte.

219. En toutes circonstances, la patience est bonne conseillère.

220. Tes peurs enfantines consistent en des craintes qu'il ne faut ni taire ni étouffer.

221. Sois forte. Personne n'a le droit de t'intimider.

222. Cherche davantage à aimer qu'à être aimée; à comprendre plutôt qu'à être comprise.

223. Un crayon et un cahier placés tout près de ton lit te seront parfois utiles, ne serait-ce que pour mieux te souvenir de tes rêves au réveil.

224. Pour faire disparaître des cernes sous les yeux, ne cherche pas une crème miracle, mais offre-toi plutôt une bonne nuit de sommeil.

225. Souviens-toi que les signes extérieurs de la richesse ne sont en rien garants du bonheur.

226. L'alcool à 90 % appliqué sur le pare-brise et les miroirs d'une automobile empêche la formation de buée; ceci peut aussi s'avérer utile sur les verres de tes lunettes.

227. Considère le temps passé à flâner dans une librairie ou une bibliothèque comme étant du temps fort bien utilisé.

228. Essaie de te faire cadeau d'une journée dans l'année pour profiter d'une totale tranquillité et ne penser qu'à toi.

229. Ne touche pas au repas qu'on t'a servi avant que l'hôte ou l'hôtesse ne se mette à table.

230. Méfie-toi de la vanité. On se souvient davantage d'une femme qui a été bonne que d'une femme qui a été belle.

231. Si tu as plusieurs démarches à faire dans une même journée, commence par la plus difficile.

232. Ne laisse pas le sentiment d'impuissance prendre forme et risquer de t'anéantir.

233. Il existe un moyen simple d'obtenir ce que tu désires vraiment : il suffit de le demander, sans complexe.

234. Pour éviter la formation d'une pellicule à la surface des contenants de peinture, remise-les à l'envers.

235. Si tu n'es pas maître de ta vie, c'est peut-être parce que tu es esclave de quelque chose ou de quelqu'un.

236. Un ami véritable t'acceptera telle que tu es.

237. À certains moments de la vie, un thérapeute peut s'avérer une aide précieuse pour nous amener à ouvrir les voies vers un mieux-être.

238. Ne t'attends pas à ce qu'un homme comprenne le syndrome prémenstruel. Invite-le plutôt à se montrer plus tendre et conciliant au cours de cette période.

239. Considère bien toutes les clauses d'un contrat avant d'y apposer ta signature et, surtout, porte une attention particulière aux minuscules caractères des sous-clauses.

240. On doit parfois briser des liens avec d'autres au cours de notre existence, mais l'important est de ne jamais se perdre soi-même.

241. La sympathie est un sentiment qui peut être dangereux s'il t'incite à sauter dans le même gouffre que celui qui crie au secours.

242. Tu ne peux changer ce que tu es fondamentalement, mais tu as la capacité de t'adapter tout en demeurant toi-même. On peut être différent des autres sans être dans l'erreur.

243. Lorsque les tranches de jambon ont durci au réfrigérateur, il est conseillé de les tremper dans du lait quelques instants.

244. Mieux vaut suivre le bon chemin en boitant que le mauvais d'un pas ferme.

245. Ton sommeil sera nettement plus réparateur avant minuit.

246. Écrire et te répéter une pensée positive quotidiennement peuvent produire un effet étonnant.

247. Un cahier de chansons, un jeu de cartes, un bon livre et un instrument de musique sont autant de fidèles compagnons qui agrémentent les moments de solitude.

248. Sois toi-même. Prends le temps de t'écouter et de réfléchir à ce qui te plaît ou pas, à tes propres goûts et priorités.

249. L'indifférence peut parfois se doter du pouvoir de blesser comme une lame acérée.

250. Évite d'appliquer ton parfum directement sur l'épiderme. À la longue, les parfums tachent la peau.

251. On dit que le gagnant a souvent une idée, le perdant une excuse. Range-toi du côté des gagnants; tu trouveras plus facilement une solution à tes problèmes.

252. S'aimer soi-même, c'est accepter l'essence positive de son être. Cependant, tu peux modifier certains aspects de ton comportement qui t'empêchent d'être heureuse.

253. Entrer en contact avec ses émotions, faire le deuil de son enfance et accepter la réalité sont libérateurs du passé.

254. Pour bien mémoriser des notes de cours en vue d'un examen, fais ta révision de préférence avant minuit.

255. Mets autant de soins à démaquiller ton visage qu'à le maquiller.

256. Au début d'un repas, les deux premiers mots que tu devrais dire et entendre sont: «Bon appétit.»

257. Si tu as l'impression que toutes les issues se ferment devant toi, sois confiante et dis-toi que la vie s'acharne à te conduire là où c'est le mieux pour toi.

258. Afin qu'ils conservent toute leur souplesse, évite de placer tes articles et vêtements en cuir près d'une source de chaleur.

259. Lorsqu'un itinérant t'offre un produit que tu considères inutile d'acheter, fais-lui simplement l'aumône. S'il se vexe, c'est qu'il n'avait pas vraiment besoin d'argent.

260. Avoir et manifester de l'empathie est une très belle qualité; toutefois, celle-ci ne devrait pas t'inciter à réprimer tes propres sentiments.

261. Si la vie te fait cadeau d'un enfant, prends le temps de lui constituer un album souvenir de sa petite enfance.

262. Pour t'aider à guérir certaines blessures émotionnelles, fais bien la distinction entre le présent et le passé.

263. Prends garde de ne jamais avoir froid aux pieds.

264. Essayer de régler un problème en l'exposant à tous, c'est comme tenter de dégager un trafic lourd en klaxonnant. Trouve la juste mesure.

265. Forme autour de toi un réseau de personnes fiables, honnêtes et affectueuses. Ton estime de toi y gagnera, ainsi que l'assurance d'être une personne de valeur.

266. S'il t'arrive d'être interrompue au moment où tu t'apprêtais à parler, cède la parole à l'autre.

267. Ne crains pas le silence. La plus négligée de toutes les conversations demeure l'entretien avec soi-même.

268. Si tu dois te retirer au milieu d'un repas, fais-le discrètement en t'excusant.

269. Au travail, manifeste de l'intérêt en demandant à ton employeur s'il est satisfait de ce que tu accomplis.

270. Chaque fois que la vie t'incitera à te montrer charitable, fais-le dans l'anonymat.

271. Écris tes états d'âme dans un journal intime.

272. Si tu veux offrir un petit bouquet de fleurs, choisis de préférence un chiffre impair.

273. Ne minimise pas l'importance de la morale. La morale est une sorte de victoire sur nos impulsions égoïstes pour tendre vers une sociabilité altruiste.

274. Ce n'est souvent qu'après bien des sacrifices qu'une personne peut goûter au plein contentement.

275. Entre le savoir et le sentir, il y a une énorme différence. Parle de ce que tu sais et ressens ce que tu éprouves, même si c'est parfois douloureux.

276. Garde en note les numéros de téléphone des restos, pharmacies et autres commerces offrant un service de livraison.

277. Évite de porter des chaussettes contenant des fibres synthétiques. La laine et le coton, selon la saison, sont des fibres naturelles favorisant la bonne hygiène des pieds.

278. Le blâme est un mur qui sépare la condition de victime de la guérison. Aussi, abstiens-toi de blâmer à tort et à travers.

279. Si tu n'as pas en toi la fibre maternelle, fais autre chose que des enfants et ce sera tout aussi bien.

280. Une vie saine est celle au cours de laquelle aucune partie de toi-même n'est étouffée ou niée. Une vie équilibrée doit être celle où ton être tout entier trouve place à son plein épanouissement.

281. Tout le monde traverse des difficultés dans la vie. Plus tu en auras, et plus tu apprendras et évolueras. D'ailleurs, l'adversité ne peut que te rendre plus forte.

282. Ne sois pas trop sévère envers toi-même; rien n'est plus naturel à l'être humain que de se tromper.

283. Il faut que tu renonces à tirer vengeance d'une offense pour demeurer libre et vivre en paix.

284. Élève-toi au-dessus des choses sordides et laides de la vie pour les transmuer.

285. Au sein d'un groupe, si tu te sens mal à l'aise et tiraillée, il est probable que tu sois mal entourée. En tout temps, essaie de rester fidèle à toi-même.

286. Lors d'une réunion sociale ou amicale, si l'on te présente à un homme, tends la main mais demeure assise.

287. Ne succombe pas à ceux qui promettent la lune mais livrent l'enfer : en d'autres mots, évite de tomber dans le piège des substances toxiques et des drogues.

288. Ta salle de bains aura une allure gaie avec des murs de couleur. Toutefois, évite le vert et le bleu qui donnent un teint blafard.

289. L'amour romantique comporte des hauts et des bas si excitants que certains le préfèrent parfois à un engagement profond et durable. Sois très prudente avec la romance.

290. Refuse de te laisser accabler par les circonstances extérieures et tu conserveras ta pleine liberté intérieure.

291. Réalise un rêve!

292. Malgré ton besoin de prévisibilité, accepte à certains moments de te laisser porter par les vagues de l'incertitude.

293. Pour accompagner un repas italien, le chianti s'avère un vin rouge bien adapté.

294. Abstiens-toi d'adhérer aveuglément à un mouvement populaire d'une quelconque nature spirituelle. Ceux qui s'annoncent comme étant des maîtres ou prophètes sont généralement des gourous opportunistes et assoiffés de pouvoir.

295. Ce que certains appellent « le troisième œil » peut se traduire en cet amalgame : perspicacité, intuition et sagesse.

296. Les commentaires les plus blessants sont ceux qui nous viennent des personnes significatives. Use de tact si tu dois adresser une remarque à quelqu'un qui t'estime.

297. L'acceptation est souvent un objectif plus thérapeutique que le pardon, car le pardon apaise, mais n'efface pas pour autant les blessures.

298. Remarque comme il est étrange qu'une seule personne se rebiffe devant un meurtre, alors qu'une société tout entière puisse tolérer une guerre.

299. C'est faire preuve de franchise avec soi-même que de reconnaître qu'on n'a peut-être pas reçu ce à quoi on avait droit.

300. La qualité de l'amour est un gage de sa durée, car l'amour véritable survit toujours aux crises auxquelles une relation est confrontée.

301. Garde en réserve une boîte de foie gras et des biscottes; c'est pratique lorsque des visiteurs se présentent à l'improviste.

302. Chausse-toi confortablement. En plus de causer des maux de dos, les souliers à talons hauts déforment les pieds.

303. Afin de chasser le stress après une rude journée, permets-toi de flâner dans un bain de mousse, à la lueur d'une chandelle et au son d'une belle musique. Au cours de ce moment de détente, que ton téléphone soit débranché.

304. Sois bonne pour toi.

305. On dit que la danse a toujours été une manifestation primitive de la joie. Alors, si tu ressens une envie irrésistible de danser, fais-le!

306. Lorsque tu donnes, ne le fais pas pour susciter de la reconnaissance.

307. S'il te vient des idées de vengeance, souviens-toi que ce que tu tiens prisonnier de ton besoin de punir, c'est d'abord toi-même.

308. Le biologiste Darwin affirmait que l'homme descend du singe. Quant à Newton, théoricien du calcul différentiel et intégral, celui-ci avança l'hypothèse que Dieu est à l'origine de l'univers. Et toi, que penses-tu?

309. Fais des économies. Il est rassurant d'avoir des réserves pour affronter l'imprévu.

310. Si une personne t'adresse une remarque blessante, avant de réagir, demande-toi si celle-ci vaut vraiment la peine que tu lui sacrifies une émotion, ne serait-ce que du ressentiment.

311. En groupe, ta conscience individuelle risque de se diluer au profit d'une étrange conscience collective. Fuis tous rassemblements agités et groupes exaltés et, surtout, tiens-toi à l'écart des émeutes.

312. Crée des contacts positifs avec les gens. Cette façon d'agir te procurera un sentiment d'appartenance tout en te valorisant.

313. Pleurer est une réaction humaine. N'aie pas honte de montrer tes larmes lorsque tu as du chagrin.

314. Il arrive que le chemin qui mène à la réponse soit aussi sinueux qu'une route de montagne. Il n'en tient qu'à toi de partir à la recherche de cette réponse dont le parcours est fort gratifiant.

315. Si tu veux mettre de la lumière dans une journée sombre, tourne ton regard vers les yeux des petits enfants.

316. Dans la vie, il y a des gens qui vivent dans la misère et d'autres qui auront constamment de la misère à vivre. Sans porter de jugement, je te conseille de les différencier de ton mieux.

317. Ne te laisse pas décourager par les petites déceptions de la vie afin de demeurer disponible lorsque celle-ci t'accordera de belles et grandes choses.

318. Bien que l'amour soit considéré plus grand que l'amitié, certaines amitiés résistent davantage à l'amour. D'ailleurs, c'est lors d'une peine d'amour que l'amitié devient si précieuse.

319. Passer un tampon de ouate imbibé de parfum sur une ampoule électrique froide donnera à l'air ambiant une agréable odeur au moment d'éclairer la pièce.

320. Que d'énergie perdue à vouloir tenter de se montrer différent de ce que l'on est vraiment. Sois toi-même.

321. Considère-toi chanceuse de savoir ce que tu sais.

322. Irriter de façon répétitive une certaine et même personne a souvent pour cause le besoin de vérifier si celle-ci tient vraiment à toi. Quand tu auras compris son réel attachement, tu cesseras de la soumettre à l'épreuve.

323. Juge les sentiments davantage par les actes que par les paroles.

324. Un diamant sur une bague de fian-çailles demeure un symbole traditionnel. Cependant, un diamant n'a pas à rutiler : ce qui importe, c'est la profondeur des sentiments qu'il représente.

325. En croyant passionnément à une chose qui n'existe pas, tu la créeras!

326. Bien que la solitude ne soit pas toujours appréciée, elle vaut nettement mieux qu'une médiocre compagnie.

327. Une pénible illusion dont un adulte doit se défaire est celle qu'il entretient sur ses parents. Mais est-ce bien nécessaire de les châtier ouvertement pour autant?

328. Dans les salons d'esthétique ou de coiffure, tente d'éviter les achats faits sous pression. Demeure vigilante et raisonnable en respectant ton budget.

329. Tu rencontreras sur ta route des obstacles que toi seule pourras surmonter. Et rassure-toi, la vie ne nous confie pas de fardeau trop lourd pour nos épaules.

330. Le simple fait que quelqu'un t'aime en ce bas monde est plus important que tout le reste.

331. Utilise beaucoup de tact et de diplomatie en t'exprimant. Il ne plaît pas à tous d'entendre la vérité.

332. Avant de partir à la recherche du bonheur, il te faut avant tout croire que le bonheur existe et que tu le mérites.

333. Écris ton livre!

334. Tu es libre de choisir les pensées qui te libèrent de celles qui t'emprisonnent. On reste maître de sa vie quand on utilise à bon escient cette volonté qui nous est donnée.

335. Un mariage ne consiste pas en événements extraordinaires et en somptueuses vacances. Un mariage se construit sur les petits détails de la vie et se tisse jour après jour sur la trame du quotidien.

336. La véritable noblesse n'est pas une question de titres et de couronnes. Être noble, c'est savoir compatir, mettre les gens à l'aise et être connecté au sens profond de la vie.

337. Lors d'une déception amoureuse, évite les changements radicaux tels une coupe de cheveux. Tu pourrais te retrouver avec deux peines dans la même semaine.

338. Pour soulager l'érythème fessier d'un bébé, rien de mieux qu'une pommade à l'oxyde de zinc; celle-ci supprime immédiatement la sensation de brûlure.

339. Pour obtenir quelque chose de bon dans la vie, il te faudra parfois sacrifier autre chose.

340. C'est souvent à l'adolescence que se jouent les plus grands drames de toute une vie. Il faut aider les ados.

341. Lorsqu'on est en guerre avec l'un de ses parents, on est perdant sur deux tableaux : d'abord à cause du conflit lui-même, ensuite en raison de l'éloignement qui en résulte.

342. Laisse vibrer ton cœur, vis et aime!

343. On a tous une sorte de jardin secret à l'intérieur de soi. Respecte-le. Personne n'a le droit de le piétiner.

344. Malgré notre compassion, il est très difficile de remédier à la souffrance d'autrui. Toutefois, une bonne écoute s'avérera toujours curative.

345. Prends ton destin bien en main et ne te considère pas comme victime de ton passé. Ton existence ne s'en portera que mieux.

346. Si tu veux mettre un peu de chaleur dans une journée froide, va vers les autres et donne un peu de toi-même. On dit qu'il y a autant de façons d'aider les autres qu'il y a d'individus sur la terre.

347. Une pensée rationnelle peut conduire à une solution, mais ne résout pas tout. C'est en travaillant avec ses émotions que l'on peut régler les souffrances du passé.

348. Parler est un acte libérateur.

349. Lors d'une invitation à un repas, fais preuve de bienséance en évitant de te présenter avant l'heure fixée.

350. Si tu lances des petits rayons de bonheur dans la vie des autres, l'éclat rejaillira immanquablement sur toi.

351. Une colère refoulée ne mène nulle part. Quand tu seras fâchée, écris tout ce qui te passe par la tête; ensuite, déchire tes écrits.

352. Les gens devraient pouvoir vivre heureux ensemble avec un minimum d'égards, de respect et de tact.

353. Éviter de transmettre à tes enfants une partie sinistre de ton histoire en héritage est possible, à la condition toutefois de le vouloir vraiment.

354. Au bout d'une épreuve, il y a souvent un cadeau.

355. Agis avec sagesse et tu seras sage. Une personne sage ne dit pas tout ce qu'elle pense, mais pense tout ce qu'elle dit.

356. Un œuf à la coque ne se fendra plus en cuisant si tu places une soucoupe retournée à l'intérieur de la casserole.

357. Pour maintenir une bonne santé, fuis le stress.

358. Tout au long de ta vie tu pourras améliorer ton caractère. Cependant, ton tempérament de naissance demeurera toujours le même.

359. Bien que le désir d'être important soit propre à la nature humaine, l'humilité est nettement plus agréable à côtoyer.

360. C'est pas à pas que ton chemin de vie s'ouvrira à toi.

361. Ne permets pas que l'approbation des autres, la critique et la recherche exagérée de la perfection agissent sur toi : elles risquent d'étouffer ta créativité.

362. En mettant ton intelligence au profit de tes émotions, tu participeras au développement de ton potentiel émotionnel : c'est ça la maturité.

363. Le prince charmant, ça n'existe pas. Mais un bon compagnon de vie, ça existe.

364. La culpabilité, fondée ou non, c'est de l'énergie gaspillée.

365. Sur ta route, tu rencontreras des obstacles à surmonter; considère ces défis comme les marches d'un gigantesque escalier qui t'élève au fur et à mesure que tu avances.

366. Dès l'instant où nous devenons adulte, nous avons une responsabilité morale envers les enfants.

367. Si tu veux recouvrir ton lit d'une couette en duvet, vérifie bien si celle-ci est hypoallergénique.

368. Pour faire disparaître des taches de transpiration qui résistent au lavage, frotte la partie tachée avec du jus de citron; puis fais sécher le vêtement au soleil.

369. Agis de manière à ce que chaque chose que tu fais soit accomplie dans l'amour.

370. En période de grand calme, profites-en pour accéder à ta paix intérieure, source de bien des découvertes qui ne s'effectuent pas dans l'agitation.

371. Pour faire grandir ton bonheur, partage-le!

372. Fais preuve de bonté si tu veux vaincre le mal.

373. La vie débute par la naissance, suivie de renaissances. Bien que parfois doulou-reuses, ces renaissances sont en réalité de pures merveilles.

374. Vivre, c'est aller vers les autres.

375. En marchant le soir, regarde le ciel et vois les milliards d'étoiles qui l'habitent. Penser à l'immensité de l'univers qui nous entoure est curatif.

376. Sois avant tout importante pour toi-même si tu veux l'être pour les autres.

377. Une fidèle amitié est non seulement un puissant soutien, c'est un véritable trésor.

378. Ne laisse pas la haine habiter ton cœur. La haine cache souvent une peur qu'il te faut vaincre.

379. Même si elle est pauvre, une personne a droit à sa dignité.

380. Il est bon de divertir et de faire rire les autres; c'est un moyen à la fois simple et spécial de guérir l'esprit et d'embellir la vie.

381. Dès qu'une personne a les yeux clairs et un sourire radieux, elle devient belle.

382. Pour la cuisine et la salle de bains, utilise de préférence une peinture anti-moisissure.

383. Plus tu vivras pleinement et plus ta capacité de pardonner grandira.

384. Souris. On ne sourit jamais trop.

385. Nier tes sentiments et tes émotions peut s'avérer aussi néfaste que de t'y vautrer.

386. Prends un moment avec ton enfant pour fabriquer un doux souvenir qui restera gravé dans sa mémoire.

387. Ce que tu fais du temps qui t'est donné est plus important que le nombre d'années, de jours ou d'heures de ta vie.

388. On a raison de vanter les nombreux bienfaits du lait maternel. Cependant, il vaut mieux donner un biberon avec amour que de présenter le sein avec frustration.

389. Si la vie te confronte un jour à la pauvreté, sans perdre courage, saisis cette occasion pour connaître une autre facette du bonheur, c'est-à-dire la joie du partage.

390. En période trouble, l'angoisse déclenche une envie de communiquer notre détresse. C'est tout à fait normal. Il s'agit là d'un signal d'insécurité pour retrouver la sérénité.

391. Si tu commets un impair, excuse-toi dans les plus brefs délais.

392. Évite de penser à ce qui te manque. Pense plutôt à ce que tu possèdes.

393. Aimer seulement lorsque c'est facile, est-ce bien de l'amour?

394. Dès qu'apparaissent les premiers symptômes d'une grippe, annule toute activité, repose-toi et bois beaucoup d'eau.

395. Prends note du premier jour de tes règles à chaque mois. En cas de grossesse, tu te féliciteras de cette habitude.

396. Cultive constamment le courage, la confiance, de même qu'une volonté énergique.

397. Sois en harmonie avec toi-même. Il est difficile de se sentir bien si l'on n'est pas en accord avec soi-même.

398. Ne te laisse pas distraire par de vieilles peurs. Marche d'un pas assuré et dis-toi que tu es digne du plus grand bonheur.

399. La colère n'est pas mauvaise en soi, mais la réaction qui l'accompagne peut être nuisible à toi-même et aux autres.

400. Un aspect important de la quête du bonheur consiste à trouver un travail qui te passionnera. Le travail peut être une avenue à travers laquelle s'exprime le plaisir.

401. La vie, c'est partager, ne pas rester enfermé en soi; c'est ouvrir son existence au monde.

402. Tu as le droit de te révolter face à l'hypocrisie et la méchanceté; cependant, n'y laisse pas ta peau.

403. Lorsque tu portes un toast, soulève ton verre en effleurant délicatement celui de l'autre, et regarde la personne dans les yeux.

404. Évite le plus possible d'affirmer tes dires en utilisant des absolus tels que «toujours» et «jamais».

405. Un bouilli de viande et de légumes (pot-au-feu) deviendra plus tendre si tu en prolonges la cuisson et ce, même avec une pièce de bœuf de troisième catégorie.

406. Ne vaporise pas ton eau de toilette ou du parfum sur tes bijoux en argent, en or et sur les perles cultivées.

407. Le devoir est comparable à un ordre que la raison te donne sans t'en fournir les véritables raisons.

408. En vieillissant, plus nos pensées deviennent profondes et moins nous trouvons les mots pour les partager.

409. Si soudain tout semble aller mal, c'est précisément le bon moment de t'accrocher et de tenir le coup.

410. Le jugement esthétique est très trompeur. Ne t'encombre pas de préjugés reliés uniquement sur l'apparence.

411. Si tu es insatisfaite de ta vie et que tu désires vraiment la voir sous un angle différent, élargis ta conscience.

412. Un modèle d'amour parental et de courage, teinté d'un singulier sens de l'humour au cœur même d'une tragédie, se dégage du film italien *La Vie est belle*.

413. Même si changer est difficile, ce n'est pas impossible. D'ailleurs, changer est nettement plus courageux que de rester en stagnation.

414. Les gens qui ont une piètre estime d'eux-mêmes peuvent, inconsciemment, initier bien des malentendus.

415. Le temps te fait défaut pour prendre soin d'une plante intérieure? Choisis le chlorophytum comosum, mieux connu sous le nom de «plante-araignée».

416. L'amour est ce qu'il y a de plus sublime. Laisse ta sensibilité intérieure élever tes sentiments.

417. Lorsqu'un médecin te prescrira un médicament, informe-toi sur les dangers d'accoutumance et des contraintes d'un sevrage éventuel.

418. Pour capter toute sa richesse et sa profondeur, garde les yeux ouverts face à l'univers qui t'entoure.

419. Allume un sourire sur le visage d'un enfant et c'est toi qui en bénéficieras.

420. Essayer de comprendre la vie avec pour seul outil l'esprit rationnel ou les surfaces du mental ne peut que te conduire à l'insatisfaction.

421. Aie confiance en la vie. Le jour n'a jamais oublié de se lever après la nuit.

422. Le plus beau cadeau que tu puisses faire à un cactus, c'est d'oublier de l'arroser.

423. L'amour est une force invincible qui fait souvent preuve après l'épreuve.

424. C'est seulement en persévérant que tu arriveras à atteindre tes buts.

425. Exerce-toi à bannir toute amertume, critique et négativité dans ta façon de penser.

426. Il arrive parfois qu'un décès puisse révéler tout ce qu'une vie avait caché.

427. Méfie-toi des gens qui solliciteront de ta part une confiance aveugle.

428. C'est avec beaucoup de bonne volonté que tu trouveras le moyen de te tirer d'affaire.

429. En dépit du fait que tu ne ressentes pas vraiment le courage d'agir, à tout le moins, décide d'agir courageusement.

430. Une personne qui t'écoute en gardant les bras croisés sur la poitrine, cela peut s'avérer comme étant un indice de réception mitigée, de méfiance et parfois même de réticence.

431. Regarde une personne à l'apparence « plastiquement parfaite » mais ennuyeuse ou hargneuse; tu auras tôt fait d'oublier ses charmes extérieurs.

432. La recette d'une bonne santé est l'air pur, une saine alimentation, l'activité et le sommeil. Pour harmoniser le tout, ajoute ton optimisme!

433. Ne commets pas l'erreur trop fréquente des employés en restauration: le mot « appétit » est du genre masculin.

434. Une communauté qui s'enrichit très rapidement risque d'engendrer une autre communauté constituée uniquement de pauvres. Voilà un bon sujet de réflexion.

435. L'huile de noix de coco est utile pour favoriser la détente lors d'un massage. Le principe de base du massage est d'orienter tous les mouvements vers le cœur.

436. N'accorde pas ta confiance au premier venu, surtout si cette personne a belle figure et la parole facile.

437. Si tu as l'amour, tu as tout; car les pauvres d'amour ne sont riches en rien.

438. Tu peux croire en un porte-bonheur si cela augmente ta confiance en la chance. On prétend qu'un vieux clou trouvé au hasard et glissé dans sa poche précède une agréable surprise.

439. Sais-tu ce qu'on dit d'un artiste? C'est quelqu'un qui a mal aux autres.

440. Une offre d'emploi publiée dans une rubrique sous le libellé anonyme d'un casier postal retourne rarement un accusé de réception.

441. Pour faire disparaître une fêlure dans une assiette, fais-la bouillir dans du lait pendant trois quarts d'heure.

442. De temps à autre, tente de goûter la joie inhérente que procurent certains moments de communion avec la nature. C'est une sorte de rencontre profonde avec le sacré.

443. Fie-toi aux personnes qui se laissent diriger par Dieu.

444. Même s'ils ne sont plus de ce monde, parle à ceux que tu as aimés.

445. Pour être un bon parent, il faut une certaine dose de patience et avoir énormément d'amour à donner.

446. N'entretiens pas de pensées rancunières envers une personne qui t'a blessée : considère plutôt cette situation comme étant une occasion de grandir.

447. Savoir écouter commence par savoir se taire.

448. La souffrance issue de tes propres expériences a le pouvoir de te faire changer.

449. Pour un adulte, les causes d'un chagrin d'enfant apparaissent rarement à la dimension réelle de la détresse éprouvée.

450. Accorde à ton organisme tout le repos dont il a besoin et profite du sommeil lorsqu'il passe.

451. Les gens qui parlent fort et à voix haute ne sont pas ceux qu'il faut écouter. Tends plutôt l'oreille vers ceux qui parlent avec un timbre de voix modéré.

452. Si tu cherches des paroles très apaisantes, ouvre la Bible et lis le psaume 23.

453. Pour fabriquer une guirlande de Noël à peu de frais, enfile du maïs soufflé sur un fil, puis vaporise une peinture argentée. Les enfants adorent ce genre d'activité.

454. Si tu es du genre solitaire et que ton monde intérieur est d'une grande richesse, exprime-toi passionnément dans une activité artistique qui te plaît.

455. Choisir de fréquenter amoureusement une personne déjà engagée, c'est s'exposer à vivre douloureusement.

456. L'optimisme t'aidera davantage à atteindre tes buts si tu y joins la certitude de réussir.

457. Lorsqu'un enfant pose une question, c'est qu'il est prêt à accueillir la réponse. Adapte cependant ta réponse à son jeune âge.

458. Chaque fois que tu agis d'une manière éthique, tu es guidée par des valeurs qui embellissent la vie et qui sont source de bonheur.

459. Une année sabbatique peut être une halte bien indiquée lorsqu'elle succède à plusieurs années laborieuses. Mais si celle-ci précède l'effort, elle peut masquer l'oisiveté.

460. Les lois ont été instituées par l'homme pour maintenir un certain ordre social. S'il existait une volonté universelle de respect dans le cœur de chaque être humain, ni perversion ni loi n'existeraient.

461. Au-delà du blâme, des jeux de pouvoir et de la colère, considère-toi comme étant la seule personne responsable de ce que tu es aujourd'hui.

462. Soumettre quelqu'un à des gestes de nature sexuelle non consentis ou contre son gré est un acte criminel. Si ce n'est pas vraiment « oui », c'est « non ».

463. En toute situation, autant que possible, ne culpabilise personne : ni l'autre ni toi-même. La culpabilité ne mène nulle part.

464. Il t'appartient de décider de l'amour dont tu as besoin et d'aller chercher l'affection qu'il te faut.

465. Ne te laisse pas distraire par les apparences. L'extérieur des gens est tellement moins important que l'intérieur.

466. Si tu as une tâche à confier, adresse-toi à une personne habituellement occupée.

467. La vie est généralement faite de petits bonheurs quotidiens qu'il nous faut savoir apprécier au compte-gouttes.

468. En plus de garnir agréablement un mets, le persil pris à la fin du repas a la propriété de rafraîchir l'haleine.

469. Il n'est pas nécessaire de divulguer tout ce qui dort au fond de toi. Distingue bien ce qui doit être partagé de ce qui doit demeurer intime.

470. Un avortement est un choix personnel indiscutable. Toutefois, bien que non apparentes, les marques qu'il peut laisser, même le temps risque de ne pas les effacer.

471. C'est une chance de connaître des personnes parfois si exceptionnelles que celles-ci nous font du bien simplement si l'on pense à elles.

472. La douleur est rarement souhaitable. Pourtant, elle peut être un moteur de croissance.

473. Vois le film sur la vie de Martin Gray ou, encore, lis sa biographie.

474. Tu n'as besoin d'aucun maître spirituel pour éveiller ta conscience. Ta quête spirituelle est une démarche purement personnelle.

475. Si ton discours est agressif et fanatique, il y a très peu de chance que ton public soit réceptif à tes opinions.

476. Il faut parfois beaucoup de temps pour comprendre que le seul sens véritable de la vie est celui que lui confèrent les relations affectives.

477. Ne t'attarde pas aux événements sur lesquels tu n'as aucun pouvoir et, malgré quelques révoltes intérieures, garde contenance.

478. À moins que la vie d'une personne ne soit en danger par ton silence, respecte scrupuleusement les secrets qu'on te confie.

479. Généralement, il vaut mieux faire preuve de compassion que de sympathie.

480. Redoute la sincérité de ceux qui t'évitent du regard.

481. Le courage n'est pas uniquement bon que pour toi-même. En effet, il a aussi le pouvoir d'inspirer les autres.

482. Les personnes à très fort tempérament ont tendance à écraser leur entourage. Il est extrêmement difficile d'admirer quelqu'un qui nous écrase.

483. La fragilité des enfants est comparable à celle des fleurs: pour les aider à grandir, rien ne sert de forcer leur croissance et mieux vaut les entourer de soins et d'amour.

484. Un sourire sincère ne vient jamais seul; vois la brillance du regard qui l'accompagne.

485. Si tu ne te permets ni hauts ni bas, tu te placeras peut-être à l'abri de tout mais tu risques peu à peu de désapprendre à aimer.

486. La mémoire peut se comparer à une commode munie de multiples tiroirs qu'il faut ouvrir avec parcimonie afin d'éviter une bascule compromettant l'équilibre.

487. Même si tu es chez toi, avant d'allumer une cigarette à la fin d'un repas, vérifie si la fumée gêne les personnes qui t'entourent.

488. La démocratie perdra tout son sens si tu la préconises au détriment des droits de la personne. Elle peut même être une utopie sociale.

489. Fuis la séduction et les séducteurs; le mensonge n'est jamais loin d'eux.

490. Souviens-toi qu'on apprend aussi beaucoup en se taisant.

491. Reste attentive aux messages qui t'indiquent le bon chemin.

492. Laisse la ruse aux faibles.

493. En décoration intérieure, les miroirs peuvent donner l'illusion qu'une pièce tout entière a doublé en proportion.

494. Retire tes verres fumés dès que tu te trouves à l'intérieur.

495. Si une personne t'abaisse et te blesse au point de ne pouvoir lui pardonner, libère ton esprit et n'y pense plus. Le temps guérit certaines blessures et dispose le cœur au pardon.

496. Les mots croisés divertissent l'esprit tout en enrichissant le vocabulaire. C'est un passe-temps que je te recommande.

497. La honte cache souvent une grande détresse morale.

498. En couple, essaie de régler les petits conflits quotidiens avant d'aller dormir. La chambre à coucher doit demeurer un lieu propice aux ébats, non aux débats.

499. Si tu attribues à l'amitié la première place dans ton couple, tous les autres aspects de la relation, la sexualité comprise, trouveront spontanément la place qui leur revient.

500. La maladie résulte parfois de concepts et de notre attitude mentale.

501. Les relations sexuelles empreintes d'affection sincère et de tendresse comblent non seulement le corps mais aussi l'esprit.

502. Les gens qui vivent isolés ne le sont pas toujours par choix. D'ailleurs, l'isolement cache très souvent une souffrance.

503. Pour donner un goût exquis à une purée de pommes de terre, ajoute un peu de sel de céleri en la fouettant.

504. Le sentiment de honte affecte davantage les gens pauvres que les grands criminels.

505. Pour changer tes préjugés, il te faudra avant tout les identifier et ensuite les reconnaître.

506. Lorsque tu t'arrêteras pour parler avec un enfant, ce ne sont pas tant tes paroles qui lui feront du bien, mais plutôt le temps que tu lui auras consacré.

507. Les choses que tu recherches te chercheront elles aussi.

508. Il y a des amours impossibles qui usent le cœur. Si tu rencontres ce genre d'impasse, mieux vaut poursuivre ton chemin.

509. Tu as reçu des talents à ta naissance; tu te dois de les développer.

510. Demeure convaincue que tu mérites de réussir.

511. Ton intelligence doit se laisser attirer par la vérité, tout comme une plante se tourne naturellement vers la lumière.

512. Pour donner un goût exquis à une sauce béchamel, ajoute un peu de muscade en poudre.

513. Deux verres coincés l'un dans l'autre se sépareront en remplissant d'eau froide le verre du haut et en trempant le verre du bas dans de l'eau chaude.

514. Mets de l'ordre dans ta vie et le succès y trouvera rapidement sa place.

515. On oublie très difficilement ce qu'on a appris dans la souffrance.

516. La bonne manière d'éviter d'amères déceptions consiste à mettre de côté tes exigences pour ne conserver que certaines attentes légitimes.

517. Personne ne peut donner davantage que ce qu'il possède vraiment; pas même les parents envers leurs enfants.

518. Souviens-toi que, si la richesse attire les amis, la pauvreté les sélectionne.

519. Savoure occasionnellement certains plaisirs de la vie : douche chaude, draps frais, savoureux repas, confort des vieux vêtements dans ton fauteuil préféré et une bonne nuit de sommeil.

520. Te montrer compréhensive et avoir l'esprit ouvert sont d'une importance capitale dans tous tes rapports humains.

521. Assume tes choix et sois prête à vivre la souffrance qui parfois les accompagne.

522. En éduquant un enfant, tu découvriras que tu poursuis ta propre éducation personnelle.

523. Intéresse-toi à l'histoire de ton pays.

524. Les belles et grandes œuvres ne s'improvisent pas mais s'édifient laborieusement, jour après jour.

525. Même si tu ne sais pas encore ce que tu veux de la vie, c'est déjà beaucoup de savoir ce que tu ne veux pas.

526. Toutes tes émotions sont saines. Cependant, l'expression de l'émotion peut parfois nécessiter un apprentissage pour ne pas devenir malsaine.

527. Le premier devoir d'une mère consiste à protéger ses enfants de tout mal.

528. Évite d'effectuer des achats sous pression.

529. L'enfant difficile ne le devient que lorsque son rythme et sa sensibilité propre sont incompris ou ignorés.

530. N'oublie pas de sourire en travaillant. Ton employeur t'en saura gré comme d'un merci.

531. Pense à ce qui est bon et recherche le bon côté des choses. Essaie constamment de voir l'aspect positif des gens et de la vie.

532. Sois indulgente face à tes erreurs : fauter en étant animé d'une bonne intention est nettement préférable à fauter par négligence.

533. Il existe des paroles réconfortantes qui ont le pouvoir de réchauffer le cœur d'une personne souffrante mieux que toute philosophie de vie. Sois à l'écoute de celui ou celle qui fait appel à toi pour se confier.

534. Les relations de travail perturbées entre subalternes et supérieurs peuvent refléter une relation affective antérieure où il y a eu abus de pouvoir par l'autorité.

535. Si tu veux faire place à du nouveau dans ta vie, commence par te débarrasser des choses superflues et inutiles.

536. Alimente ton désir de créer. Albert Einstein disait que l'imagination est plus importante que le savoir. Le désir de créer est inhérent à la passion de vivre.
537. Lis des autobiographies. Les histoires vécues sont extrêmement enrichissantes.

538. Ta trousse de contraception se doit de contenir tes comprimés d'anovulation, des préservatifs, ainsi qu'une crème spermicide.

539. Lorsqu'une personne t'aborde sur un ton plus ou moins agréable, efforce-toi de lui répondre avec gentillesse, même si le réflexe incite au contraire.

540. Conserve tes déclarations de revenus durant cinq années.

541. Au sein d'une relation, évite les lourds silences qui augmentent la tension.

542. Puisque tu marches dans la voie du progrès, accepte avec un esprit ouvert les nouvelles technologies.

543. Conserve en souvenir une mèche de cheveux de ton bébé.

544. Une rupture n'est pas infailliblement un échec. Au contraire, elle peut même s'avérer une excellente occasion de croissance personnelle.

545. Mère Teresa aimait dire : « Si vous jugez les gens, vous n'avez pas le temps de les aimer. »

546. Essaie de voir clair en toi afin d'éviter de tomber amoureuse d'une illusion ou d'un mirage.

547. La quête du bonheur exige avant tout de ta part une bonne dose d'enthousiasme.

548. Fais d'abord rire tes amis pour capter leur attention : ensuite tu les verras beaucoup plus réceptifs.

549. Sois généreuse de ta personne et de tes biens.

550. Parmi toutes les religions, aucune n'est infaillible.

551. « *Ne jette pas de pierre dans la source où tu t'es désaltéré.* » (Le Talmud)

552. Avant de blâmer une personne, essaie de comprendre l'intention derrière l'action. C'est ainsi que tu feras obstacle à une rancune amère.

553. Lorsqu'une plante manifeste une belle croissance, ne la change pas d'endroit.

554. Pour obtenir des ondulations de fantaisie, natte tes cheveux en plusieurs petites tresses bien serrées. Puis, dénoue-les après une nuit.

555. La simplicité et la spontanéité sont des qualités qui sauront constamment te mettre en valeur.

556. Sans prétention, fais valoir ton savoir-faire.

557. Dans toute la mesure du possible, fuis la pire banqueroute de la vie : c'est-à-dire le découragement.

558. Entre l'anarchisme et le despotisme, opte pour la tendance anarchiste, mais donne-toi une discipline personnelle.

559. En plus de ta langue maternelle, enrichis-toi à tout le moins d'une langue seconde.

560. La beauté de la vie est partout autour de toi. Et n'oublie pas que tu en fais partie.

561. Lorsqu'on se connaît bien, on s'adapte mieux. Il est important de bien te connaître pour vivre en harmonie avec toi-même et composer avec les événements.

562. Un enfant restera profondément marqué toute sa vie durant s'il se sent mal aimé ou abandonné en bas âge.

563. La prospérité attire les gens, et le malheur les éloigne. Le contraire est beaucoup plus rare, mais il témoigne de la valeur que tu représentes aux yeux de ceux qui t'entourent.

564. Donne un coup de fil à quelqu'un que tu soupçonnes de vivre dans l'isolement. Quelques minutes de conversation lui feront un bien immense.

565. Les comportements des individus témoignent souvent de la qualité des sentiments. Observe les gestes; ils parlent davantage que les mots.

566. En tentant de pénétrer les causes secrètes des choses, tu maintiendras un esprit alerte et vigoureux.

567. Procure-toi un double de tes clés d'automobile et de ton logis.

568. Évite de te juger trop sévèrement.

569. Les meilleurs ingrédients pour aider un enfant à s'épanouir consistent à adopter des attitudes saines, agir avec beaucoup de cœur, avoir du tact et une certaine dose d'humilité.

570. Élargis constamment ta capacité d'aimer. Ne pas être aimé peut être tragique; ne pas aimer est catastrophique.

571. Accepte qu'il te soit impossible de tout prévoir et tout planifier, de même que tu ne peux tout te permettre.

572. Valorise-toi souvent, félicite-toi de tes efforts et de tes succès.

573. C'est dans le calme et le silence que bien des choses se clarifient.

574. Un bon esprit de famille constitue une valeur très importante. On a remarqué que la majeure partie des criminels proviennent de foyers malheureux.

575. Si le bonheur que tu espères te semble plus grand que celui que tu possèdes, le temps sera alors peut-être venu de changer ta vision des choses.

576. Une pâte à modeler amuse toujours les enfants. Voici une recette sans cuisson: mélange 2 tasses de farine avec 2 c. à table d'huile, 1 tasse d'eau et 1 tasse de sel. Enfin, pétris la pâte avec du colorant alimentaire.

577. On a malheureusement tendance à oublier que l'amour et la bonne volonté ont aussi leur place dans le domaine des affaires.

578. Il n'en tient qu'à toi de changer les mots gaffe, erreur et déception par expérience, apprentissage et leçon de vie.

579. Si tu crois avoir fait du mal dans le passé, chasse le sentiment de culpabilité et fais du bien dans l'avenir.

580. Avant de jeter un vêtement souillé d'encre dite indélébile, essaie d'abord de faire disparaître la tache avec un chiffon imbibé d'alcool à 90 %.

581. Quand on a de la peine, on pleure. Les larmes sont faites pour ça.

582. Si tu t'aimes peu, tu auras tendance à rechercher des compliments pour flatter ton amour-propre et pour compenser ton manque d'estime de toi.

583. En situation conflictuelle ou confuse, avant de partir à la recherche d'une solution, commence par clarifier ton objectif et demande-toi si celui-ci est réaliste.

584. Pour de multiples raisons, il est recommandé de boire beaucoup d'eau.

585. Rejette la haine, car ce que tu détestes ou hais pourrait finir par prendre forme.

586. Essaie de trouver une qualité pour chaque personne que tu aimes. Et n'oublie pas de t'inclure dans cet exercice.

587. Utilise ton téléviseur pour t'instruire et non comme un placebo pour passer le temps.

588. Face à plusieurs changements rapides dans ta vie, demeure confiante et dis-toi bien que tout est pour le mieux. Va dans le même sens qu'eux.

589. Sache qu'une amitié profonde est génératrice de soutien moral et dépourvue d'exigences.

590. Les moments de ta vie les plus précieux arriveront souvent à l'improviste.

591. Lorsque tu consultes pour une maladie, fais en sorte de ne pas te faire assimiler à un simple organe à soigner.

592. Ne te laisse pas duper et résiste fermement au bagout des vendeurs.

593. Pour une belle table, évite les nappes de couleur vert foncé; cette teinte donne une apparence brunâtre au vin.

594. Lorsque ton compagnon de vie s'offrira pour t'assister dans une tâche ménagère, ne refuse surtout pas son aide.

595. Sois sociable et donne un sens moral à ta vie.

596. Loin de développer nos facultés pour atteindre l'extase, l'alcool ne laisse que l'illusion d'un bien-être.

597. N'aie pas peur de dire « je t'aime ».

598. Utilise la pensée affirmative et positive; elle est une source inépuisable de force.

599. Ton esprit peut accomplir des merveilles si tu adhères à l'optimisme et la foi.

600. Lors d'un repas somptueux à plusieurs services, utilise d'abord les ustensiles les plus éloignés de ton assiette, et ainsi de suite pour chacun des services.

601. Tu seras surtout belle extérieurement quand tu te sentiras bien intérieurement.

602. Ta situation sociale peut être le reflet de ta façon de penser, de même que ta façon de penser peut s'avérer le reflet de ta situation sociale.

603. Donne le meilleur de toi-même dans tout ce que tu fais.

604. En situation d'ambiguïté, essaie d'avoir une tolérance teintée d'humour.

605. La mesure d'un quotient intellectuel défini au moyen d'un test d'indices d'intelligence n'est qu'un concept étroit dans l'étude du potentiel humain, car on possède une intelligence multiple.

606. Avec les enfants, évite toute approche et attitude qui versent dans une autorité abusive.

607. Pour être vraiment bien dans ta peau connais-toi d'abord et n'essaie pas d'imiter les autres ou de les concurrencer.

608. Forge ton assurance en suivant le sens de ta propre personnalité.

609. Pour comprendre l'adolescence, il faut se rappeler l'enjeu de cette période d'idéalisme qui n'échappe à personne.

610. En toutes circonstances, pas de fanatisme ni de zèle, mais une bonne dose de gros bon sens.

611. Chez certains individus, le passé peut inspirer une telle tristesse qu'ils refusent de croire au bonheur.

612. L'aisance matérielle peut parfois masquer le vide affectif, mais de façon éphémère.

613. Bien que les ventes à l'encan puissent se montrer intéressantes, celles-ci créent parfois une frénésie qui risque de fausser ton bon jugement d'acheteur.

614. Croire qu'on peut donner la liberté à son enfant est prétentieux. On ne peut qu'enlever les entraves qui risquent de brimer sa liberté.

615. Recherche l'équilibre parfait en toute situation et à tous les instants, même si la perfection n'est pas de ce monde.

616. Ouvre ton cœur. Il cache des merveilles!

617. Aimes-tu l'imprévu? Si oui, tu pourras triompher en toutes circonstances.

618. Au sein d'une relation parent-enfant, il ne doit exister ni gagnant ni perdant.

619. Un divorce n'enrichit personne. Hélas, il arrive parfois que la ruse agisse si habilement que la rupture profite à l'un au détriment de l'autre.

620. Le moment venu de choisir la teinte pour une chambre à coucher, il est bon de savoir que le vert calme, le bleu sécurise et le jaune stimule la mémoire. Quant aux teintes vives, celles-ci sont plus indiquées pour les pièces de travail.

621. Même ce qui te semble trop beau pour être vrai peut se réaliser et durer, à la condition de le vouloir ardemment et d'y croire.

622. Souviens-toi que la venue d'un enfant n'a jamais résolu les conflits au sein d'un couple dont les sentiments s'effritent.

623. Dans ton agenda, planifie du temps seulement pour toi.

624. Même quand ce sont les amis qui paient, ce n'est pas une raison pour faire fi du coût des dépenses.

625. Une bonne communication suppose l'authenticité des personnes, l'acceptation des différences et, surtout, un respect réciproque.

626. Partout où tu iras, conduis-toi comme une personne de qui l'on pourra dire ou penser : « Voilà une personne qui a de la classe. »

627. Si tu parviens à bien différencier l'amour du désir brûlant mais passager, tu placeras ton cœur à l'abri.

628. Les étapes difficiles que la vie nous force à traverser par moments ne sont pas inutiles : elles nous invitent à atteindre le véritable accomplissement de soi.

629. Paroles grossières et vulgaires ne doivent pas faire partie de ton vocabulaire, pas même pour faire de l'humour. Il en est de même pour les gestes disgracieux.

630. Malade ou pas, une fois l'an, consulte ton gynécologue.

631. Les touches d'un piano se nettoient avec un chiffon humide additionné de dentifrice; ensuite, il faut les sécher et les polir au moyen d'un linge sec.

632. Ne fuis pas une situation qui te gêne; efforce-toi plutôt de vaincre ta timidité en affrontant cette situation.

633. Si la vie a été difficile pour toi, ne gaspille pas le fruit de cette souffrance. Mets-le au profit d'une réalisation quelconque, et transmue ce mal-être en faisant quelque chose de productif.

634. Un petit cendrier de sac à main pourra aussi te servir d'écrin improvisé pour tes bijoux.

635. Si tu veux vraiment t'instruire de quelque chose, accepte avant tout d'avouer que tu l'ignores.

636. Une activité secondaire ou professionnelle s'avère souvent comme une occasion d'acquérir une plus grande confiance en soi.

637. Ce qui est rassurant sur le plan spirituel, c'est qu'il n'y a aucune rivalité.

638. Si tu constates une rupture de contact entre un adolescent et ses parents, il peut s'agir d'une absence de contact datant de fort longtemps...

639. Malgré les contraintes de la vie étudiante, l'école offre le plaisir de découvrir et de s'enrichir intellectuellement.

640. Demande et tu recevras. N'attends surtout pas que les autres puissent deviner tes besoins.

641. Il n'est pas superflu de faire traiter les sièges de ta voiture, fauteuils et tapis d'un produit antitache, surtout si tu es entourée de jeunes enfants.

642. S'il t'arrive de penser que Dieu intervient trop tard dans ta prière, c'est peut-être qu'il attend le moment propice pour agir...

643. Au fur et à mesure que tu vieilliras, tu constateras que la barrière des préjugés s'éloignera peu à peu.

644. Le refus du réel est plus grave que sa prise en charge, même douloureuse.

645. Pour venir à bout d'une odeur aussi infecte que celle d'une mouffette, il est recommandé d'utiliser du jus de tomates.

646. Une personne forte n'a nullement besoin de détenir le pouvoir pour bien agir.

647. N'attends pas d'être malade pour acquérir de bonnes habitudes alimentaires.

648. Le lait exposé à la lumière perd rapidement de ses vitamines; conséquemment, il sera moins nutritif.

649. Il arrive parfois qu'on désespère et, soudain, une âme charitable, comme un ange tombé du ciel, nous permet de poursuivre notre route.

650. Pour réussir une frange sur ton front, tords en une seule mèche très serrée tes cheveux secs et coupe droit au-dessus du nez. Puis, après un coup de peigne, enlève les pointes.

651. C'est fondamental d'agir en toute loyauté pour n'induire personne en erreur. Sois franche avec les autres et envers toi-même.

652. Accepter nos limites est sage.

653. Un truc pour atténuer les taches de rousseur sur la peau consiste à appliquer quelques minces rondelles de concombre sur l'épiderme.

654. En évitant de placer un miroir dans ton salon, tes invités choisiront nécessairement un autre endroit pour se coiffer.

655. Lorsque l'espoir ne te conduit pas au but visé, joins la certitude et la foi à ton désir. Ainsi, tu favoriseras tes chances d'obtenir un résultat.

656. Les deux faces de la dépendance consistent à rester trop attaché et à trop s'éloigner. Il faut trouver le juste milieu.

657. Les coupons offrant des prix pour tirages au hasard servent parfois à des firmes qui te solliciteront plus tard. Il peut être désavantageux de divulguer tes coordonnées personnelles.

658. Ne t'enlise pas dans une condition de vie qui te déplaît; décide et fonce! Tu t'étonneras des capacités qui sommeillent en toi et tu surprendras ton entourage.

659. La joie est en tout et il n'appartient qu'à toi de savoir l'extraire.

660. Crois en ta chance. Elle peut te sourire au moment où tu t'y attends le moins.

661. Une personne sans idéal est comparable à un bateau sans gouvernail. Il te faut un idéal de vie.

662. Pour ceux qui possèdent une grande soif de vivre et qui y croient, on dit qu'une main aimante peut aider une personne à guérir.

663. Dans la vie, tout se calme au fil du temps, une joie ardente tout comme une peine profonde. Demeure confiante et sois patiente.

664. Parmi certaines habitudes, le bonheur en est une que tu peux acquérir.

665. Tu es née forte et créative. La suite ne dépend que de toi.

666. Choisir de grandir consiste à croire qu'il est possible de mieux vivre. C'est au moyen de cette pensée que débute la guérison des blessures du passé.

667. Laisse ta sagesse intérieure te guider.

668. Contribuer à rendre le monde meilleur, ne serait-ce que par un geste ou une parole au bon moment, peut s'avérer très vivifiant pour l'âme.

669. Tu peux croire aux miracles, mais ne les confonds pas avec l'aspect magique des coïncidences.

670. Dans tes choix personnels, agis de manière énergique et déterminée sans toutefois tomber dans l'obstination de façon rigoriste.

671. Contrairement à l'affection et l'amour, le sexe n'est pas vital.

672. Fais la distinction entre la camaraderie superficielle et l'amitié profonde. L'amitié sincère est génératrice de soutien moral et totalement dépourvue d'attentes.

673. Si tu ne peux t'abstenir de fumer, essaie de compenser avec une alimentation riche en vitamine C ou par des suppléments vitaminés.

674. La survie n'est pas la vie.

675. Au dédain et à la raillerie, au lieu de répondre par la colère, demeure silencieuse et tu vaincras.

676. Ne te rabaisse jamais.

677. Le surplus des tubes de peinture à l'huile garderont leur consistance humide en les entreposant au congélateur.

678. Une particularité des grands-parents, c'est qu'ils peuvent offrir, sans sévir à leur endroit, un amour inconditionnel à leurs petits-enfants tout en les guidant.

679. Assume entièrement les conséquences de tes actes.

680. Tes pensées sont une sorte d'univers sacré où tu dois empêcher d'entrer toute pensée négative.

681. Jouir d'une bonne santé embellira ta personne.

682. Si quelqu'un s'en prend à toi verbalement et injustement, il est fort possible que tu découvres que tu as suffisamment de force pour te défendre.

683. Ta persévérance et ton courage viendront à bout de n'importe quelle épreuve.

684. Pour contrer l'inflation, prends l'habitude de te priver du superficiel.

685. Les critiques, reproches, corrections et réprimandes sont inutiles aux enfants qui ont de bons modèles autour d'eux.

686. Manifester une certaine colère peut être tolérable, à la condition toutefois de ne rien démolir autour de toi. En tout temps et en tous lieux, demeure civilisée.

687. Quand tu es en manque, tu quémandes; quand tu possèdes, tu partages.

688. Pour éviter des photos où l'iris des yeux apparaît rouge, oriente ton appareil de manière à ce que le flash soit légèrement au-dessus des yeux.

689. Si un jour tu rencontres la mère que tu souhaiterais être, inspire-toi de cette personne comme modèle.

690. Baudelaire a écrit et je cite : « Le bambin pleure pour son bien, et le vieux pour son mal. »

691. Si tu considères une personne comme étant une véritable amie, fais en sorte qu'elle puisse compter sur toi. On a tous besoin de sollicitude de temps à autre.

692. Tu mérites d'être pleinement comblée par tous tes désirs et tes rêves réalisés. Crois-y fermement.

693. Écrire pour toi-même un épisode particulièrement difficile de ta vie peut générer stress et angoisse. Mais en bout de piste, cela peut s'avérer libérateur pour toi.

694. Exerce-toi à goûter au sentiment de l'effort.

695. Partage tes découvertes.

696. Avec constance et ferveur, recherche les personnes et les idées auxquelles tu pourras accorder ta foi et ta confiance.

697. À moins qu'elle ne génère un malaise, ne sois pas la première personne à mettre fin à une étreinte chaleureuse et amicale.

698. Si tu aspires à de plus belles qualités, agis tout simplement comme si tu les possédais déjà.

699. Reconnais ce qu'il y a de meilleur dans chaque situation.

700. L'enfant accorde sa confiance en l'adulte qui l'aime et qui prend soin de lui. En devenant adulte, tu es responsable de ne pas briser cette confiance.

701. En plus d'avoir de précieux amis, recherche aussi la camaraderie qui engendre la joie et divertit agréablement.

702. Ne compte pas sur les autres pour acquérir de la détermination; elle ne peut provenir que de toi.

703. En tant qu'invitée à un mariage, choisis de porter une robe de couleur. Il est de mise de laisser le blanc pour la mariée.

704. Même avec certaines déchirures du passé, la vie te fait avancer et évoluer.

705. Lorsqu'une personne vit un deuil, il est bien indiqué de lui dire que tu partages son chagrin.

706. L'ardeur au travail fait partie des sources qui procurent un sentiment de joie.

707. Ne permets pas aux illusions des autres de t'égarer de ton propre chemin.

708. Comme le bonheur est une habitude qui s'acquiert, aussi bien t'y mettre immédiatement et le vivre au présent!

709. Crois en la puissance de ton subconscient; considère-le comme un serviteur qui attend tes ordres pour agir. S'il te semble indocile, maîtrise-le.

710. Fixe-toi des buts précis et tu atteindras le succès.

711. Quand tu apprends quelque chose sur toi-même, deux choix s'offrent à toi : te frustrer à propos de ce que tu ignorais, ou te réjouir de ce que tu connais.

712. Si tu ressens un débordement d'énergie et d'agressivité, fais du sport.

713. Tu peux laisser une méchanceté impunie alors qu'une bonne action doit être récompensée.

714. Faire le bien peut devenir une très belle habitude de vie.

715. Ne ressasse pas constamment tes problèmes antérieurs. Ces pensées sont une menace à ton avancement et à l'atteinte de tes buts.

716. L'apparence d'une personne n'est pas un critère de sélection, sauf pour les gens superficiels. Bien qu'appréciable, la beauté n'est pas un gage de bonheur.

717. Fuis l'isolement et exprime tes besoins sans gêne. Qui que nous soyons, nous avons tous besoin les uns des autres.

718. Avec les tiens, réfléchis avant d'agir. Ensuite, agis par affection.

719. Personne n'est infaillible. D'ailleurs, c'est la somme de nos erreurs qui tisse la richesse de notre expérience.

720. On dit d'une coïncidence que c'est Dieu qui nous parle incognito, que le hasard n'existe pas. Qu'en penses-tu?

721. Si tu aspires à te sentir libre et heureuse, choisis un mode de vie équilibré aux plans émotionnel, intellectuel et culturel.

722. Une thérapie ne promet pas le bonheur, mais peut contribuer à l'amélioration d'une pénible situation.

723. La vie est remplie de petits signaux auxquels tu dois porter attention.

724. Si les parents sont là pour guider leurs enfants, ceux-ci viennent aussi instruire leurs parents.

725. Ménage-toi des créneaux de solitude et de silence pour donner accès à tout ce qui ne peut naître qu'en ces moments.

726. Moins tu résisteras face aux événements et plus tu trouveras la vie facile.

727. L'expression de la colère peut se faire de manière respectueuse lorsqu'elle n'intimide ni ne blesse personne.

728. Ne lâche jamais surtout! C'est du désespoir que naît l'espoir.

729. Au travail, que tu sois patron ou subordonnée, la politesse et le respect doivent sans cesse être de mise lors des échanges verbaux.

730. Il faut se fréquenter soi-même assidûment pour se découvrir et pour s'aimer.

731. Intéresse-toi à la signification de tes rêves; ceux-ci peuvent se montrer révélateurs et même utiles.

732. Si tu t'attends au meilleur dans la vie, infailliblement tu l'attireras à toi.

733. Crois en toi.

734. Fais-toi confiance et sois patiente. Tu trouveras toujours tes réponses en temps et lieu.

735. Voici trois mots que tu peux qualifier de divins: amour, liberté et sagesse.

736. On ne dit jamais trop à ses parents et à ses enfants l'importance qu'ils représentent pour nous.

737. Prends garde aux habitudes, car elles sont tenaces, aussi bien les mauvaises que les bonnes.

738. Différencie de ton mieux les activités qui servent vraiment tes buts élevés de celles qui te détournent de ta voie.

739. Il est écrit qu'il vaut mieux une chaumière où l'on rit qu'un château où l'on pleure.

740. Y a-t-il un plus grand bien-être que d'être joyeux et de faire du bien dans la vie?

741. Ne crains pas d'ordonner à ce qui t'effraie de sortir de ta vie.

742. Le bonheur n'est pas automatique. C'est un choix!

743. Souviens-toi que tu possèdes une chose précieuse qui s'appelle « aujourd'hui ».

744. Crois en la loi de la justice et de l'amour. Elle triomphera.

745. Pour amoindrir les risques d'une déshydratation, bois beaucoup. Parmi les fruits, la banane redonnera à ton organisme la perte de potassium causée par une diarrhée.

746. Il existe des complicités qui résistent à la tourmente et des amitiés d'une qualité rare que tu ne rencontreras qu'une seule fois au cours de ta vie.

747. Prends garde de succomber au mirage d'une passion fugace lors d'un voyage. Il ne faut pas confondre l'amour avec un engouement passager.

748. La pureté de l'amour s'exprime d'une manière altruiste, sans négocier ni demander une récompense en retour.

749. Il y a des monologues déguisés en dialogues lorsque les gens parlent dans le seul but de confirmer leurs propres points de vue. En fait, ceux-ci cherchent à se mettre en valeur et à impressionner les autres.

750. Pour que l'amour soit manifeste et approprié, il faut le ressentir profondément et l'exprimer généreusement.

751. Attends-toi à traverser des moments où la vie te semblera presque parfaite et d'autres où elle te placera devant des difficultés constituant de véritables défis.

752. L'amour, la sollicitude, l'altruisme, qu'ils soient exercés par une personne ou un groupe, découlent de la volonté d'engager un dialogue authentique avec autrui.

753. Imagine un monde meilleur. En plus d'être inspirant, cela incite à en faire davantage et à viser plus haut. Cependant, garde un certain équilibre et sois réaliste, car il peut être décevant d'avoir des attentes trop élevées.

754. S'il y a des mots pour qualifier la divinité, selon toi, lesquels te semblent les mieux choisis parmi ceux-ci : énergie, miséricorde, source de vie, amour gratuit?

755. À propos des religions, ne cherche pas trop loin quelle est la meilleure. Tout est écrit dans ton cœur...

756. Aux plans physique, intellectuel et émotionnel, le désir de se transcender existe en chacun de nous. Il agit tel un puissant stimuli qui confirme que la vie vaut la peine d'être vécue en dépit de certaines épreuves.

757. Donne libre cours à ton chagrin, ne le réprime pas.

758. À la longue, le fait de demeurer enfermé dans un bureau toute la journée sans soleil ni air frais oppresse autant l'organisme que l'esprit.

759. L'amour doit être exprimé de manière à aider les autres à grandir.

760. Quand on cherche l'unité et qu'on dépasse les barrières réelles ou imaginaires qui nous séparent d'autrui, on découvre que tout est indissociable, que rien n'existe seul.

761. Alimente un ensemble de valeurs séculaires partagées : justice, respect et tolérance, tout en laissant les gens libres d'honorer diverses croyances plus profondes qui sous-tendent ces valeurs.

762. Prodiguer hâtivement des conseils peut s'avérer stérile si l'on néglige de comprendre l'autre, d'identifier son besoin véritable et ce qu'il ressent profondément.

763. Vivre, c'est faire l'expérience de la recherche d'unité; c'est-à-dire, être en paix avec soi-même et les autres.

764. Toutes les difficultés qui se présentent dans ta vie t'offrent une occasion de te dépasser.
765. Ouvre-toi aux autres, sans jugement ni attentes.

766. En étant altruiste, tu trouveras toi aussi des manières de résoudre les problèmes écrasants de la société moderne.

767. L'équilibre entre la réceptivité et la sensibilité engendre une ouverture d'esprit qui devient un sol fertile à la souplesse.

768. Quand on prend le temps d'écouter ses propres pensées et ses sentiments, on comprend parfois qui l'on est et pourquoi nous sommes là.

769. En découvrant une force auparavant inconnue en soi, on peut connaître des moments d'exaltation ou de paix. C'est ainsi qu'on apprend à apprécier les pouvoirs étonnants qui émanent du plus profond de soi-même.

770. On ne demande pas la souffrance et, pourtant, celle-ci s'avère l'une des plus grandes expériences de croissance que la vie nous soumet.

771. Garder l'esprit ouvert face à tout ce qui existe et peut exister est une attitude qui rend possible une multitude de découvertes!

772. Les peines, déceptions et épreuves peuvent affaiblir une foi chancelante, mais renforcent une foi profonde.

773. Être expansif, c'est aller au-devant des autres au lieu de se retenir. Donner au lieu de se contenir.

774. Si rien ne va dans ta vie affective, les autres aspects de ta vie te sembleront plus difficiles à supporter.

775. Partage, à la fois honnêtement et humblement, ce que tu es et ce que tu sais.

776. Dépasse les différences culturelles et tu enrichiras ta personnalité.

777. Plusieurs personnes ont réussi à atteindre le but qu'elles s'étaient fixé avec 10 % de chance et 90 % de travail.

778. Une personne suicidaire ne cherche pas la mort; elle veut mettre fin à une souffrance. Lui prouver qu'il existe une solution à ses problèmes l'aidera à poursuivre sa route.

779. Renseigne-toi, en cas de grossesse, sur les dangers de la rubéole chez la femme.

117

780. L'ouverture aux autres consiste à être réceptif. Et pour être réceptif, il faut s'efforcer de bannir tous préjugés.

781. Bien qu'on l'oublie parfois, la beauté de la nature et la joie d'une saine relation intime nous rappellent que la vie est un don précieux qu'il faut protéger.

782. Le désir de comprendre incite à rechercher la connaissance, mais connaître ne signifie pas pour autant comprendre...

783. Répète ces trois mots pour toi-même : paix, calme, harmonie.

784. Tu n'es pas la seule à vouloir mener une vie significative, c'est le propre de tout être humain.

785. Vis avec amour et tu connaîtras la plénitude. Vivre dans l'amour, c'est être frappé par le miracle de tout ce qui existe.

786. Puise dans tes réserves; c'est là que tu trouveras ce qu'on appelle le courage.

787. Un souci dans le cœur chagrine, mais une bonne parole le réjouit. Si tu as de la peine, parle avec une personne aimable.

788. Le don le plus précieux que tu puisses faire, c'est un peu de toi-même. Apporter réconfort et joie plutôt que larmes et peine est tellement plus facile et agréable.

789. Pour parvenir à une certaine sagesse, il te faudra constamment développer la compréhension des autres.

790. Va au-delà de toi-même!

791. Voici un petit truc pour atténuer le son d'un robinet qui fuit goutte à goutte : attache une ficelle au robinet en laissant l'extrémité au fond de l'évier. L'eau glissera le long de la ficelle, sans faire de bruit.

792. Sois juste. La justice protège ceux dont la voie est intègre.

793. Plus tu seras lente à la colère, plus tu deviendras raisonnable.

794. Méfie-toi d'une personne qui ne tient pas parole.

795. Observe les gens et garde les yeux bien ouverts : la vie elle-même est un grand livre dans lequel tu peux puiser à satiété.

796. Pour toucher l'âme d'une personne, il faut parler aux yeux.

797. La liberté n'est pas de faire ce que l'on veut, mais plutôt d'être heureux dans ce que l'on fait.

798. Sais-tu que tu peux être une véritable lumière pour toi-même?

799. Arrose immédiatement les œufs d'eau froide après les avoir fait bouillir. Ce qui cause le cerne gris entre le blanc et le jaune est la rencontre de deux minéraux : le soufre et le fer.

800. Si tu as de la peine, fais face au soleil. Les ombres trouveront la place qui leur revient, c'est-à-dire derrière toi.

801. La vérité fait quelquefois des brèches; le mensonge fait souvent des ruines.

802. L'amour est le feu de la vie. Quant à la joie, elle est l'oxygène qui alimente le feu.

803. Plus tu seras honnête et plus tu auras du mal à soupçonner les autres de ne pas l'être.

804. Il est dit que dans l'océan de l'Amour divin chacun puise avec le vase qu'il apporte...

805. Au fond de toi-même, il y a énormément de force et de joie. Va les chercher, elles t'appartiennent!

806. Quand l'être humain franchit les barrières de la moralité, il risque de sombrer dans la méchanceté.

807. Il y aura toujours une découverte dans chaque expérience que tu vivras.

808. Maintiens une grande honnêteté intellectuelle. Bien des gens seraient devenus sages s'ils ne s'étaient pas imaginé l'être déjà.

809. Le courage de surmonter les obstacles représente un défi qui donnera plus de valeur à ta réussite.

810. Crois en ta force. Plus tu y croiras, plus tu l'augmenteras.

811. Soucis et tracas peuvent découler de l'opulence. N'en fais pas un gage du bonheur.

812. La colère peut se comparer à la pointe d'un iceberg. Quant à l'immense partie invisible qui en est la base, celle-ci se compare à la peine.

813. Ne limite pas l'amour à un simple sentiment. L'amour, comme l'a dit Paul Morand, c'est un art!

814. Demeure persuadée qu'il n'en tient qu'à toi d'être heureuse!

815. Une alimentation riche en antioxydants (fruits et légumes) contribue à prévenir les troubles de mémoire.

816. Ta capacité de faire des choix est la seule chose qui puisse préserver ta dignité.

817. Termine tes lettres ou conversations avec une parole porteuse d'espoir.

818. Pour parvenir à tes fins, use davantage de patience que de force.

819. Préserve tes liens familiaux. On peut se heurter à l'occasion, mais si l'on se respecte mutuellement, l'affection au sein d'une famille peut triompher.

820. Nuance les oppositions de pensée et les divergences d'opinion. Tel un artiste, la palette de ta vie se doit d'être riche en couleurs.

821. C'est à force de maîtrise de soi et de noblesse que tu parviendras à comprendre et à pardonner.

822. Ne laisse rien te désespérer ou te troubler; sache simplement que tout se réalise à la perfection le moment venu.

823. Le bonheur ne tombe pas du ciel. Il faut le conquérir à grands coups d'épaules, à puissants coups de courage et de ténacité.

824. Utilise ton obstination pour tirer le meilleur de toi-même.

825. Libère-toi du stress pour apprécier pleinement la vie à chaque instant. Ainsi, tu utiliseras au mieux les ressources dont tu disposes.

826. La vie se fait parfois cruelle avec les gens au cœur tendre. En certaines occasions, il est dans ton intérêt de dissimuler ta bonté naturelle.

827. Si tu t'en sens capable, redeviens petite avec les enfants qui t'entourent. Tu découvriras à quel point ceux-ci sont grands dans leur capacité d'émerveillement.

828. Refuse toute forme de violence. La seule personne autorisée à s'exprimer par des coups est l'enfant que l'on porte lors d'une grossesse.

829. Ne mens pas pour faire plaisir. Conserve tes convictions profondes; tu en auras grandement besoin.

830. Ton amour de la vie et ta capacité d'aimer demeureront ta plus grande richesse.

831. Si une personne tente d'anéantir un de tes rêves, demande-lui ce qu'elle a à t'offrir en échange.

832. Un amour durable se doit d'avoir pour base la confiance et l'admiration réciproque.

833. Dire avec des mots ce qui t'étreint peut opérer le miracle qui atténue une peine trop vive : c'est la magie de la communication.

834. Il est écrit que la vie fait plus de vieux que de sages. Toutefois, plusieurs personnes d'une grande sagesse quittent ce monde dans l'anonymat.

835. Le deuil est une épreuve qui peut s'avérer fortifiante. Ceux qui t'ont aimée veillent sur toi. L'amour va bien au-delà de la mort.

836. Crois de toutes tes forces en ta chance. L'espoir t'aidera à traverser les heures sombres et à garder les yeux rivés sur ta bonne étoile!

837. Sache que ce sont mes enfants qui m'ont procuré les plus grandes joies de ma vie. Si tu le peux, ne te prive pas de ce bonheur.

838. L'affection qui unit les gens est un sentiment merveilleux qui dure si chacun demeure disposé à fermer les yeux sur quelques petits défauts.

839. Il n'est pas mauvais de tenter ta chance à la loterie à l'occasion. Toutefois, prends bien garde de ne pas tomber dans le piège du jeu compulsif.

840. Le bonheur ne tient pas du succès ou de la fortune. Il consiste plutôt en une disposition d'esprit, une sorte d'état d'âme.

841. Pour nettoyer le feuillage de certaines plantes d'intérieur, un large pinceau à poils souples pour le maquillage, ou un blaireau, fera très bien l'affaire.

842. Pratique la compétition, mais seulement avec toi-même.

843. En amour comme en amitié, la qualité doit l'emporter sur la quantité.

844. S'il est bien de stimuler les jeunes enfants, il ne faut pas chercher à faire d'eux des adultes prématurément. L'enfance a besoin de rêves pour rendre l'espoir possible.

845. Le plus grand obstacle au bonheur est d'en exiger trop.

846. Élimine de ta vie la rancœur. Elle ne peut que te ronger le cœur.

847. Au lieu de haïr ceux qui t'ont fait du mal, plains-les.

848. Chacun possède un talent spécial, un don unique, une sorte de mission à accomplir dans sa vie.

849. Toute plaie se cicatrise un jour. C'est étonnant de constater ce que le temps peut guérir. Parfois même, il peut tout effacer.

850. Les lieux que tu fréquentes peuvent être un paradis ou un enfer selon ton état d'âme.

851. La droiture devrait être ton seul souci. Quand on se conduit bien, quand on est droit et honnête, l'impression des autres nous est automatiquement favorable.

852. Méfie-toi des offres d'emplois très lucratifs pour jeunes femmes ne nécessitant aucune expérience.

853. Exprime ce que tu penses. Mieux vaut être une personne authentique que simplement gentille.

854. Ne te compare pas aux autres par crainte de devenir amère, car tu trouveras constamment meilleur ou pire que toi.

855. Ne redoute pas l'échec.

856. Qui que tu sois, va ta vie et regarde toujours droit devant.

857. Relève de nouveaux défis. Tu es capable!

858. Choisis un regard optimiste; bannis toute morosité et pessimisme.

859. On ne naît pas fort, on le devient. C'est par des actes répétés et de petits sacrifices qu'on se fait un grand cœur, un grand courage.

860. Une seule goutte de Nilodor dans un endroit discret pourra enrayer l'odeur nauséabonde de toute une pièce.

861. Aux paroles colériques, réponds d'abord par le silence.

862. Par ton attitude et ton regard, tu attireras le meilleur ou le pire de ta vie.

863. Explore ta créativité et mets tes talents en pratique.

864. Derrière chaque goutte de pluie se cache un rayon de soleil. Peu importe la température, il n'en tient qu'à toi de décider de l'humeur de ta journée.

865. Accepte-toi telle que tu es; il te sera plus facile ensuite d'accepter les autres.

866. Agis dans le respect et librement sans t'encombrer des stériles qu'en-dira-t-on de ton entourage.

867. La plus triste des découvertes que tu puisses faire en amitié, c'est de t'apercevoir que tu avais de faux amis.

868. Tire leçon de tes erreurs et n'attends pas que les mêmes expériences se répètent pour en comprendre le sens.

869. Si tu veux faire quelque chose pour améliorer la situation du monde, regarde en toi, car c'est là que tout commence.

870. Aie confiance en toi; ton succès en dépend beaucoup.

871. Il est dit que, dans chaque personne qui souffre, il y a un enfant qui pleure.

872. Il y a une chose plus triste à perdre que la vie: c'est la raison de vivre.

873. Recherche le respect, la loyauté et la sincérité.

874. La plus grande souffrance d'une femme qui aime un homme est de se sentir invisible à ses yeux.

875. L'amitié consiste à gérer les affinités, tandis que l'amour réclame de concilier sans cesse les différences.

876. Choisis le bonheur durable aux plaisirs fugaces.

877. Noue de nouvelles amitiés et ta vie n'en sera que plus belle!

878. Embellis ton visage d'un sourire et exprime ta joie de vivre.

879. En adoptant une attitude économe, il te sera plus facile de réaliser tes rêves.

880. L'impatience ne dure qu'un moment. Quant aux regrets, ceux-ci peuvent persister longtemps.

881. Ne sois pas de ceux que la peur d'un échec empêche d'agir.

882. Prends le temps de bien écouter ceux qui t'aiment; tu éviteras ainsi de leur faire inutilement du mal.

883. Tout ce que tu peux faire ou rêves de faire, entreprends-le. L'audace est porteuse de pouvoir et de magie.

884. Il y a deux choses qui servent au bonheur : c'est de croire et d'aimer.

885. Plusieurs personnes entreront et sortiront de ta vie. Seuls les amis véritables laisseront une empreinte dans ton cœur.

886. On ne fréquente jamais assez les personnes qu'on aime vraiment.

887. On dit que le verbe aimer est difficile à conjuguer : son passé n'est pas simple, son présent n'est qu'indicatif et son futur est toujours conditionnel.

888. Il est préférable de faire un bon geste avec cœur sans trouver de paroles, plutôt que de trouver des mots sans y mettre son cœur.

889. Conduis-toi de manière à ce que l'on puisse dire de toi : « Voici quelqu'un de bien ! »

890. Il est beaucoup plus difficile de se consoler soi-même que de consoler les autres.

891. On n'éduque pas un enfant en levant la main sur lui pour le menacer, mais bien en lui donnant la main pour mieux lui communiquer notre amour.

892. Démontrer ton appréciation pour ce que les autres font pour toi est la plus belle façon de leur dire merci.

893. Sache que tu peux continuer encore longtemps après avoir dit : « Je n'en peux plus, j'arrête. »

894. Ne laisse pas passer l'occasion de dire à un être qui t'est cher que tu l'aimes.

895. Deux personnes autonomes peuvent bâtir une relation saine, alors que deux moitiés ne feront jamais un tout.

896. N'attends pas d'être atteinte par la maladie pour réfléchir à ce qui compte vraiment dans la vie.

897. La bonté et la simplicité sont de belles qualités. Mais pour rendre les autres heureux, tu dois d'abord l'être toi-même.

898. On dit que le chef-d'œuvre de Dieu, c'est le cœur d'une mère.

899. Mieux vaut aller plus loin avec quelqu'un, que nulle part avec tout le monde.

900. Ce n'est pas ce que tu possèdes, mais bien ce que tu apprécies qui fait le bonheur.

901. Les meilleurs médicaments du monde seront toujours les paroles de réconfort administrées au bon moment.

902. Ouvre ton cœur.

903. Il y a des gens qui nous marquent par leurs gestes, certains nous stimulent par leur enthousiasme, d'autres nous touchent par leur bonté.

904. L'amour se passe de cadeau, mais pas de présence.

905. On peut imposer le port d'un vêtement dans le cadre d'un travail. En revanche, personne n'a le droit de te forcer à te dévêtir pour exercer un emploi.

906. C'est ce que tu fais aujourd'hui qui permet la réalisation de beaux lendemains.

907. De toutes les sciences que l'homme peut et doit savoir, la principale, c'est la science de vivre de manière à faire le moins de mal et le plus de bien possible.

908. Beaucoup de gens renoncent trop facilement à leurs rêves.

909. Ajoute à ta vie un brin de fantaisie.

910. En certaines occasions, il est bien indiqué de lâcher prise.

911. Prends le temps d'être heureuse. La vie n'est pas une autoroute entre le berceau et la tombe, mais un espace pour grandir au soleil.

912. Voici une belle réflexion : Qui perd son bien ne perd rien. Qui perd sa santé perd un don précieux. Qui perd son âme a tout perdu.

913. L'espoir ne se trouve pas au bout du chemin, mais quelque part sur son parcours.

914. Les parents qui ont la chance d'avoir de bons enfants ont en général des enfants qui ont la chance d'avoir de bons parents.

915. Si quelqu'un te trahit une fois, c'est de sa faute. S'il te trahit une seconde fois, c'est possiblement de la tienne.

916. Lorsqu'une personne aimée décède, c'est comme un silence qui hurle! Mais il peut s'agir d'une occasion unique d'entendre la fragile musique de la vie...

917. Le pardon est une chose bien curieuse : il peut réchauffer le cœur et rafraîchir une blessure.

918. Quand le succès te fuit et que le doute t'envahit, il est possible que tu sois tout près du but à ton insu.

919. Les larmes ne sont pas un signe de fai- blesse; elles sont une preuve de sensibilité.

920. Quand l'amour n'est là que pour passer le temps, le temps fait vite passer l'amour.

921. Le monde est rempli de merveilles. Et la première, c'est toi!

922. Tant que tu aimeras, tu seras utile. Et tant que tu seras aimée, tu seras indispensable.

923. Les enfants savent très mal écouter les adultes, mais ne manquent jamais de les imiter.

924. Tous les trésors de la terre ne valent pas le bonheur d'être aimé.

925. Le problème de l'adolescence est de ne pas savoir ce que l'on veut et de le vouloir à tout prix.

926. En prenant le risque d'une rupture affective, on redécouvre parfois le respect de soi-même et de nos possibilités.

927. Le véritable rôle des parents est de demeurer disponibles, sans imposer leur présence.

928. Il faut tirer ta force de toi-même, et non de la faiblesse des autres.

929. Si tu dois corriger le comportement d'un enfant, évite de le faire en public pour ne pas l'humilier.

930. La sagesse que tu auras acquise au cours de ta vie t'apportera la paix de l'esprit.

931. Ne t'écarte pas de la vérité. Elle te donnera force et confiance.

932. Une relation amoureuse n'exclut pas la solitude.

933. La maturité commence à faire ses preuves quand on se contente d'avoir raison sans trouver nécessaire de prouver que quelqu'un d'autre ait tort.

934. Même avec une intelligence moyenne, si tu orientes ta volonté vers un but précis et persévères en maintenant un esprit alerte, tu atteindras ton but.

935. Ne laisse pas filer tes rêves; ils t'offrent l'occasion de développer la ténacité.

936. L'amour a le pouvoir de transmuer toute haine et amertume.

937. La vie ne ferme jamais une porte sans ouvrir une fenêtre…

938. C'est surtout quand tu auras tout essayé qu'il ne faudra pas abandonner.

939. La compréhension peut ouvrir un cœur fermé, froid et en apparence insensible.

940. Avec une attitude d'esprit purement scientifique, tu risques de limiter ta vision de la réalité.

941. Tu n'as pas le loisir de choisir quand et comment tu mourras. Toutefois, tu peux décider comment tu vas vivre.

942. Rêve de grandes choses, ce qui te permettra d'en faire au moins de toutes petites.

943. Si le bruit fait peu de bien, remarque que le bien fait peu de bruit...

944. Il ne faut pas châtier les émotions; elles ne sont ni bonnes ni mauvaises. Elles sont, tout simplement.

945. Ton corps est la demeure de ton âme, source d'amour.

946. En libérant une colère, bien des émotions emprisonnées en toi peuvent rejaillir spontanément.

947. Les premières lueurs du jour sont le sourire de Dieu, dit-on. Appelons-le, si tu veux bien, « le p'tit matin ».

948. Montre à un enfant ce qui est visible à tes yeux. À son tour, il te fera connaître ce qui est invisible aux tiens.

949. S'il y a de la lumière dans ton âme, il y aura de la beauté dans ta personne.

950. Dans ta soif d'amour, évite de tenter de plaire à tout le monde; tu risques de t'épuiser.

951. As-tu déjà remarqué que la plupart du temps, c'est en s'en prenant aux personnes qui nous aiment qu'on cherche à se soulager de nos frustrations?

952. Il vaut mieux tout tenter pour réussir et n'arriver à rien, que de reculer devant l'effort.

953. À essayer constamment de régler les problèmes des autres, tu risques de prendre un sérieux retard sur les tiens.

954. La paix du cœur et de l'esprit est nettement plus importante que d'avoir raison.

955. Aimer, c'est aussi découvrir que tu as besoin des autres pour devenir toi-même.

956. Lorsque tu veux aller d'un point à l'autre, choisis le chemin le plus direct. Tu négocieras ensuite les obstacles au fur et à mesure qu'ils se présentent.

957. Dans une pièce remplie de gens, efforce-toi d'aller vers la personne qui entre et de l'accueillir avec chaleur.

958. La raison peut t'avertir de ce qu'il te faut éviter, mais seul ton cœur peut te dicter ce qu'il faut faire.

959. Chaque fois que tu oses, dis-toi bien que ce sont des regrets en moins pour plus tard.

960. Pense aux autres, partage avec eux; agis de la même manière que tu aimerais qu'ils agissent envers toi.

961. Les gens considèrent comme un véritable exploit que l'homme ait marché sur la lune. Et que Dieu ait marché sur la terre, n'est-ce pas extraordinaire?

962. Essaie de bannir de ta vie toute critique, tout jugement et toute condamnation. Ce n'est pas facile, mais c'est réalisable.

963. En vieillissant, tu ne deviendras ni meilleure ni pire; tu ne feras que devenir davantage toi-même. À moins de vouloir faire en sorte qu'il en soit autrement.

964. Avoir de l'intelligence c'est bien, certes, mais il faut avant tout avoir de la volonté, une volonté fixe qui ne se disperse pas.

965. Il est bon d'aider les autres à s'aider.

966. Quand ta route est remplie d'obstacles et que tu n'attends aucun miracle, permets-toi d'arrêter sans pour autant abandonner.

967. Oublie les heures de détresse et souviens-toi surtout de ce qu'elles t'auront laissé en apprentissage.

968. Ton plaisir peut s'appuyer sur l'illusion, mais ton bonheur véritable reposera constamment sur la réalité.

969. Le bonheur, c'est parfois une larme qu'on essuie, un sourire qu'on fait naître, un enfant qu'on fait rire.

970. Les épreuves de la vie sont là pour te former, et non pour te briser.

971. Lis une seconde fois la phrase précédente.

972. Il te sera plus difficile d'aimer la vie si tu as l'étrange sentiment que personne ne te comprend.

973. Ne t'inquiète pas pour l'avenir : prépare-le.

974. Sache qu'il n'est jamais trop tard pour devenir ce que tu aurais voulu être.

975. Il est important de dire ce qui t'inquiète, de verbaliser ce qui t'affecte. Lorsqu'on se remet en question, cela permet de faire de l'espace en dedans de soi.

976. Accepte les gens tels qu'ils sont en souhaitant qu'ils aient la même attitude à ton égard.

977. Dès ton réveil, remarque combien précieux est le privilège de vivre, de respirer, d'être en sécurité.

978. Le respect des bienséances aura toujours sa place. La politesse est une preuve de civilité.

979. Le plaisir n'est que le bonheur d'un point du corps. Le vrai bonheur, le seul bonheur, tout le bonheur, réside dans le bien-être de ton âme.

980. Ceux qui ont recours à la violence deviennent aveugles aux réalités qui témoignent de sa nuisance et sourds au langage de la raison.

981. Ce que tu auras perdu en faisant confiance aux autres peut se calculer. Mais ce que tu auras gagné en apprentissage par la même expérience est inestimable.

982. Les êtres bons te rendront meilleure, car leur bonté développe notre sens du bien.

983. De tous les diplômes, ton titre le plus utile est la réputation rattachée à ton nom.

984. Chasse tes craintes. Aie confiance en tes ressources intérieures.

985. Sur ton parcours, des gens te marqueront par leurs gestes, certains te stimuleront par leur enthousiasme, d'autres te toucheront par leur bonté.

986. Le sentiment le plus pur que puisse receler un cœur humain, c'est l'amour d'un enfant.

987. Ce que nous faisons aux autres ne nous est pas toujours rendu, mais c'est heureux dans certains cas...

988. Commencer une meilleure vie exige plus de courage que de poursuivre une vie d'enfer.

989. Assume-toi. Derrière les soucis, le chagrin et la peur, tu découvriras alors le merveilleux bien-être que procure la confiance en soi.

990. À chaque jour tu découvriras quelque chose. À chaque chose, une raison nouvelle; à chaque raison, une possibilité grandissante : c'est cela qui te permet d'évoluer.

991. Très souvent, le verbe pardonner a le pouvoir de réanimer le verbe aimer.

992. Il y a des expériences qu'il est préférable de se souvenir en prenant une distance avec elles.

993. Le premier symptôme de l'amour chez un jeune homme, c'est la timidité. Chez la jeune fille, c'est la hardiesse.

994. Dans un foyer, un bébé est une source de joie, un messager de paix et d'amour, un havre d'innocence, un lien entre les hommes et les anges...

995. Laisse les autres découvrir par eux-mêmes qui tu es. Ils s'en souviendront plus longtemps.

996. L'espoir fait vivre un amour; un amour fait naître une espérance. Tu sais, aimer, c'est aussi renaître!

997. Ne crains pas la mort. C'est simplement l'autre versant de la montagne, l'autre côté de la vie.

998. C'est si facile d'être heureux. Si simple. Il suffit de ne pas se compliquer l'existence et de profiter de chaque moment qui passe.

999. Aussi étrange que cela puisse paraître, plus nous avançons en âge, et plus l'explication ultime s'éloigne de nous.

1000. Rédige tes propres réflexions, toi aussi!

1001. Mille et un conseils, c'est bien, mais il serait dommage de prétendre qu'un conseil, aussi bien indiqué soit-il, puisse remplacer l'écoute et la compréhension dont nous avons tous besoin.

APPRENDS À T'AIMER

Sais-tu que la personne la plus importante, c'est toi? Aime-toi donc suffisamment pour prendre avant tout en charge TA VIE. C'est déjà si compliqué. Aime les autres suffisamment pour les laisser en faire autant. Car, vois-tu, tu ne dois la fidélité qu'à tes idées, qu'à toi-même. Tu possèdes déjà tant de qualités. Pourquoi ne pas t'aimer? Suis ton chemin, poursuis ta route. Arrête-toi de temps en temps. Fais une pause et regarde autour de toi. Il se trouvera toujours quelqu'un ou quelque chose qui te guidera. Va au-delà de tes peurs. C'est souvent là que se trouve le bonheur. Vis l'amitié, l'amour avec intensité et sincérité. Prends le temps de te connaître. Prends le temps de t'apprécier. Prends le temps de t'aimer. Et, surtout, ne laisse jamais passer une occasion de cheminer.

SECRETS...

Afin de vivre à deux longtemps, très longtemps, heureuse et heureux : ne pas se croire trop vieux pour se tenir la main. Ne pas oublier de se dire « Je t'aime » au moins une fois par jour. Ne jamais s'endormir en étant fâché. Former un cercle d'amour qui englobe toute la famille. Cultiver son amour en continuant à se faire la cour. Pratiquer le dévouement réciproque avec plaisir. Manifester sa gratitude par des petites attentions. Être capable de pardonner et d'oublier. Faire une place aux choses de l'esprit. Rechercher en commun le bien, le beau, le vrai. Ne pas demander à l'autre d'être un ange. Ne pas s'attendre à la perfection, mais y tendre. Cultiver la souplesse, la patience, la tendresse, la compréhension et, surtout, un merveilleux sens de l'humour.

NOS ERREURS

Ne te blâme pas de tes erreurs et pardonne à toi-même. Elles font partie de tes expériences et se portent garantes de ta sagesse future. Sache que nos erreurs nous rendent plus humains. Face aux opportunistes qui attendent tout des autres et se spécialisent dans l'art de soutirer sournoisement par toutes sortes de moyens qu'on s'apitoie sur leur sort, dis-toi bien que tôt ou tard ces êtres deviennent victimes de leur propre mièvrerie, ayant perdu un temps précieux à berner les autres, oubliant de s'épanouir et, par conséquent, ne réussissant qu'à se brimer eux-mêmes.

LA DOULEUR

Les souffrances sont les déchirures par lesquelles les germes de la compréhension percent leur enveloppe. Et tout comme il faut inévitablement que le noyau du fruit se casse pour que le cœur puisse mûrir au soleil, ainsi devons-nous connaître la douleur. Tâche de maintenir ton cœur dans l'émerveillement des miracles quotidiens de la vie, et tes douleurs t'apparaîtront aussi dignes d'émerveillement que tes joies. Tu sauras te soumettre sans difficultés aux saisons du cœur, comme on règle sa vie sur le passage des saisons. Demeure sereine aux hivers de ta tristesse. Sache que tes souffrances sont en grande partie infligées par toi-même; elles sont le remède amer par lequel le médecin qui est en toi soigne ta maladie. Ainsi, accorde ta confiance à ce médecin et bois son remède en toute quiétude et sans te plaindre. Bien qu'elle te paraisse brutale et sans ménagement, sa main est guidée par la main bienveillante de l'Invisible. Tiens bon et rassure-toi : toutes les douleurs passent...

NE TE PIÉTINE PAS!

Tu as déjà beaucoup souffert dans la vie. Tu as rarement entendu dire que tu valais quelque chose, au point que tu as fini par penser que tu valais peu ou rien du tout. Cela n'est pas vrai. Tu as beaucoup de valeur! Ne te piétine pas! Parfois, tu retombes dans les mêmes erreurs, dans les mêmes fautes, et sans cesse tu essaies de t'en sortir, mais tu ne réussis pas toujours. Sache que l'essentiel n'est pas de réussir, mais de toujours essayer. Ne te piétine pas! Considères-tu que ta vie est une faillite parce que tout ce que tu as entrepris jusqu'ici, tu l'as abandonné, manqué, gâché ou bousillé? En cela, tu n'es guère différente de Jésus qui a fini sur une croix entre deux bandits. C'est pourtant là qu'il a sauvé le monde. Ne te piétine pas! Tu ne dois pas te mépriser, tu ne dois pas t'écraser, tu ne dois pas te dévaloriser. Tu es une personne humaine, grande et belle, même avec tes erreurs, tes faiblesses, tes échecs. Tu es digne d'amour!

TU PEUX!

Si tu crois que tu es battue, tu le seras. Si tu n'oses pas, tu n'auras rien. Si tu veux gagner, mais que tu t'en crois incapable, il est presque certain que tu ne gagneras pas. Si tu crois que tu vas perdre, tu risques d'être perdante. Car, dans le monde, on se rend compte que le succès dépend avant tout de la confiance en soi. En réalité, tout dépend de ton état d'esprit. Les batailles de la vie ne sont pas gagnées par les plus forts ou les plus rapides, mais par ceux qui croient en eux, en pensant toujours «je peux».

AIMER...

Aimer, c'est faire confiance et apprécier l'autre. C'est s'intéresser à ce qu'il est, ce qu'il dit, ce qu'il fait. C'est fermer les yeux sur l'oubli. Parfois, c'est aussi savoir pardonner après l'offense. C'est accepter l'autre tel qu'il est, non pas tel que l'on voudrait qu'il soit. C'est l'accepter tout entier et non pas seulement pour quelques facettes de sa personnalité ou à certaines heures du jour. Aimer, c'est manifester à l'autre qu'il est aimé. C'est le lui dire, c'est le lui prouver. C'est ne pas cacher ses sentiments, mais les exprimer de manière concrète. S'il est bon d'aimer avec son cœur, il n'est pas moins bon d'aimer avec ses bras!

C'est aider l'autre à se comprendre quand il est lui-même en pleine expérience d'amitié et d'amour. C'est l'apprivoiser un peu plus chaque jour, avec douceur et patience. L'amour véritable révèle à l'autre sa vraie beauté. C'est un puissant stimulant pour l'action, une force incroyable pour l'inspiration. La personne qui aime ne cesse de grandir et d'aider l'autre à grandir, car, dans la vie, nul ne sait qui donne ou reçoit le plus dans un échange d'amour.

PIERRE DE NAISSANCE ET FLEUR DU MOIS

MOIS	PIERRE	FLEUR
Janvier	Grenat	Œillet
Février	Améthyste	Violette
Mars	Aigue-marine	Jonquille
Avril	Diamant	Pois senteur
Mai	Émeraude	Muguet
Juin	Perle	Rose
Juillet	Rubis	Pied-d'alouette
Août	Péridot	Glaïeul
Septembre	Saphir	Aster
Octobre	Opale	Souci
Novembre	Topaze	Chrysanthème
Décembre	Turquoise	Narcisse

NOTES PERSONNELLES

NOTES PERSONNELLES

NOTES PERSONNELLES

NOTES PERSONNELLES

DISTRIBUTEURS EXCLUSIFS

Distributeur pour le Canada et les États-Unis
LES MESSAGERIES ADP
MONTRÉAL (Canada)
Téléphone : (450) 640-1234 ou 1 800 771-3022
Télécopieur : (450) 640-1251 ou 1 800 603-0433
www.messageries-adp.com

Distributeur pour la France et autres pays européens
HISTOIRE ET DOCUMENTS
CHENNEVIÈRES (France)
Téléphone : 01 45 76 77 41
Télécopieur : 01 45 93 34 70
www.histoire-et-documents.fr

Distributeur pour la Suisse
TRANSAT S.A.
GENÈVE
Téléphone : 022/342 77 40
Télécopieur : 022/343 46 46

Dépôts légaux
Bibliothèque nationale du Canada
Bibliothèque et Archives nationales du Québec, 2006

MEMBRE DU GROUPE SCABRINI

Québec, Canada
2006